熊月之 主编

上海简史

东 方 璀 璨

1949—2019

徐涛 等著

上海教育出版社

总　序

　　上海之于今日中国，为规模最大城市之一，为文化名城、旅游胜地，为全国改革开放排头兵、创新发展先行者，为最宜居城市之一、环境最优城市之一、人均期望寿命最高城市之一，亦为各类时彦俊杰放飞理想的首选地之一。上海之于近代中国，为特大城市，为经济中心、文化中心、政治重镇，为帝国主义侵华的桥头堡，为中国工人阶级集聚地、中国共产党诞生地，为近代中国光明的摇篮。这在一向重视国情教育、重视近代史教育的国度，早属常识。

　　但是，如果有人告诉你：上海在近代，城市人口在百多年间，从20来万激增至500多万；上海人口之多，民国时期几乎是北京、天津、南京三大城市人口的总和；上海工业产值、工厂数、工人数均曾占全国50%，外贸额曾占全国70%以上，外国金融投资额占全国80%以上，每年新出版物占全国70%以上。对于如此令人难以置信而又不得不信的数据，该如何解读？

　　如果有人问你：中国外贸窗口先前一直是广州，上海开埠以后不到十年就超过了广州，以后一直在全国遥遥领先，这是为什么？鸦片战争以后，中国对外开放的第一批通商口岸有五个，其中广州、福州是省城，宁波是府城，而上海仅是县城，行政级别最低，为什么会是上海在日后的发展中遥遥领先？这与上海近代以前的文化传统有没有什么关联？如果有，那是一种什么样的关联？

上海地下无矿藏、地上无特产，既没有六朝古都、九朝古都那样辉煌的历史，没有做过一省甚至一府的政治中心，也不是六省通衢、三省交会那样的交通要道，更不是"一夫当关，万夫莫开"的军事重镇。那么多的工厂为什么要集聚这里？那么多归国留学生为什么会汇聚这里？那么多来自五湖四海的名人为什么要落户这里？

上海在计划经济时代的中国，曾以全国1/1 500的土地、1/100的人口，提供全国1/10的工业产值、1/6的财政收入。上海先后支援内地专业技术人才、熟练工人100多万，为国家重大项目的实施、内地的发展做出了难以估量的贡献。毛泽东一生来上海50多次，新中国成立后每到历史关键时刻都会特别关注上海，注重发挥上海的作用，曾特别指出"上海有前途，要发展"。邓小平在推动改革开放时强调"上海是我们的王牌，把上海搞起来是一条捷径"，连连夸赞"上海有特殊的素质、特殊的品格"。习近平从上海的自然环境、文化传统与社会现实出发，结合自己的亲身经历，精辟地论述了上海城市的品格，将其归纳为开放、创新、包容。他说："我曾经在上海工作过，切身感受到开放之于上海、上海开放之于中国的重要性。开放、创新、包容已成为上海最鲜明的品格。这种品格是新时代中国发展进步的生动写照。"那么，上海的优势究竟在哪里？上海开放、创新、包容的城市品格是怎么形成的呢？

要回答这些问题，都离不开对上海城市历史的梳理，离不开对上海城市自然禀赋、城市结构与功能、上海与中国及世界联系等一系列问题的研究，离不开对上海文化的阐释，离不开对上海人素质的剖析。

百多年间，上海从一个普通的沿海县城，发展为中国特大城市，远东与世界最大城市之一，走的不是寻常道路。在相当长一段时间里，上海一市三治，一个城市有三个政治实体，有三套立法、行政、司法系统，官府行文分别使用中、英、法三种不同文字，法院开庭分别使用中、英、法三种不同语言，电车轨道宽度不一，甚至电压系统也不一样，有110伏（法租界）与220伏（公共租界、华界）之别。近代上海市面上流通的纸币，除了中国本国银行所发行外，至少还有18家外国银行与合资银行。各种面值、各种文字、各种颜色、各种图案的纸币都有，英国女王头像、孙中山头像、自由女神像、赵公元帅像同时出现在上海市面上。一个犯罪嫌疑人，在这一区域明显犯法，到那一区域则可能完全合法。诸如此类超乎常规、出乎想象的诡异局面的出现，不完全是某个或某些列强巧取豪夺、一手炮制出来的，不完全是某届中国政府腐败无能所致，更不是某个政治巨人坐在办公室里设计出来的，而是在特定的历史时空中由多种错综复杂的因素综合作用的结果。

近代上海意外地成为中外利益共同体、全球化先行区。来自亚洲、欧洲、南北美洲的移民在这里工作、学习、生活，中国文化、西方文化在这里都不占绝对统治地位。不同民族、不同文化在这块土地上，尽管也有矛盾和斗争，但总体上相对平静地交流、切磋、融合，出现了广泛而复杂的异质文化交织现象，诸如会审公廨、万国商团、多教混合、跨种族婚姻、洋泾浜外语等。西方侨民出于生活的需要，将西方各种先进的物质文明、制度文明与精神文明带到这里，使得上海在相当一段时间里成为与伦敦、巴黎、纽约同步发展的现代化城市。出于见贤思齐的中华传统，上海华人自觉地在多种方面仿效、学习西方，从市政管理、地方自治到追求自由民主。数量可观的外国侨民在与华人社会广泛而持久的接触中，认识到中华文明的博大精深与温良美善，从心灵深处涌出对中华文化的赞赏与服膺。

就红色文化而论，自 1921 至 1949 年的 28 年间，中共中央机关所在地有 126 个月设在这里，超过其他任何城市，这是为什么？出席中共一大的各地代表，毛泽东代表湖南、董必武代表湖北、王尽美代表山东，都是各地人代表各地党员，而上海的两名代表，李达是湖南人，李汉俊是湖北人，没有一个是上海本地人，且在上海定居都不超过三年，他们为什么会是上海的代表？在风云变色的二战史上，华沙、巴黎、柏林等城市，在气壮山河的抗日战争史上，南京、武汉、长沙等城市，论其命运，都是要沦陷则全沦陷，要保全则全保全，而上海呢，说沦陷又没有完全沦陷，说保全又没有完全保全。这才会演绎出人类战争史上绝无仅有的活剧：隔着一条河，一边炮火连天、血肉横飞，一边笙歌达旦、醉生梦死。诸如此类的社会现象，看似离奇、荒诞，却是事实！

任何不可思议的问题，都蕴含着可思可议的独特价值。任何不合常规的现象背后总有其规，任何不合常理的事情背后总有其理。尽管近代上海所住外国人最多时超过 15 万，来自 50 多个国家与地区，但外国人毕竟只占上海人口的不到 5%，换句话说，上海 95% 以上是中国人，是来自全国各地的移民，是各地移民的精粹部分。上海的一楼一舍、一路一桥，各种工厂、各类商店、各色报馆与书局，是以各地移民为主体的上海人建造、发展起来的。上海移民的存在是历史的存在，他们的生产方式、生活方式、社会网络、文化心理都是此前中华民族历史积淀的结果，他们所体现的文化都是中华文化在近代的体现。在这个意义上可以说，上海的奇迹，本是中华民族应对"三千年未有之变局"的时代产物，是中华文化历久弥新的特质在上海城市的具体表现，是中华文明无穷生命力在新的历史时期的闪亮展现。

要思考那么多不可思议的问题，要解读如此复杂纷繁的现象，要回答如此不合常规的问题，那就不是一般教科书提供的常识所能应付，也不是寻常的短篇单册所能胜任的。上海史早已是学术研究高地，也是备受国际学术界关注的领域，各类成果灿若繁花、目不暇接，《上海通史》《上海大辞典》《上海百科全书》也出了多部，但是，还是缺少一部合完整性、系统性、知识性、普及性为一体的，简明扼要、篇幅适中、脉络清晰、史料扎实的读物。于是，有了这部《上海简史》。

本书分三卷，第一卷《云间潮涌（751—1843）》，述近代以前上海地区历史，重点阐述上海资源禀赋、人文特点与开放传统；第二卷《海上繁华（1843—1949）》，述近代上海地区历史，重点阐述上海何以由一普通沿海县城，在百余年间跃升为国内最大城市与国际著名都市；第三卷《东方璀璨（1949—2019）》，述新中国成立以来到2019年上海地区历史，重点阐述上海在不同国际国内环境下持续发展，彰显开放、创新、包容的城市品格，成为全国改革开放排头兵、创新发展先行者。各卷作者都是长期从事上海历史研究的专业学者，也都是新修多卷本《上海通史》分卷主编。全书框架由我设计，时段划分与重要问题论述，与新修《上海通史》一致。在一定意义上也可以说，这部《上海简史》是《上海通史》的浓缩版或通俗版。

上海历史曲折多姿，上海文化丰富深邃，上海前景灿烂辉煌。本书的出版，如果能在梳理上海历史、阐释上海文化、弘扬上海城市精神、彰显上海城市品格、促进上海城市发展方面起一些微薄的作用，则编者荣莫大焉。

熊月之

2024 年 6 月 26 日

东方璀璨

（1949—2019）

目录

东方璀璨
（1949—2019）

绪 言

我们要介绍今天的上海，到底要从哪里讲起呢？真是一个颇为棘手的问题。人们总喜欢在上海名前冠一个"大"字，不是没有道理的。行政地位上，她是中国直接隶属于中央政府的四个直辖市之一；人口规模上，上海拥有常住人口 2 428.14 万人，[1] 是中国人口最多、全球范围内排名第三的大城市；从北纬 30 度 40 分至 31 度 53 分，由东经 120 度 51 分至 122 度 12 分，东西南北约略等长[2] 的 6 340.5 平方千米土地上，这里是中国城市化水平最高的地方；[3] 上海还是中国最大的国际经济中心和重要的国际金融中心、商业消费中心，生产总值总量规模位居全球城市第六位；上海拥有着全世界上最繁忙的车站、机场和港口，上海港集装箱吞吐量已经连续十数年位于世界第一……科技创新、生产制造、国

---

1. 至 2019 年底，上海市下辖 16 区，2 428.14 万人中包括户籍人口 1 469.3 万人，在沪外国常住人口约 19.3 万人。参见《上海年鉴》编纂委员会编：《上海年鉴（2020 年）》，《上海年鉴》编辑部 2020 年。
2. 上海全市东西长约 100 千米，南北宽约 120 千米。
3. 根据 2022 年中国统计年鉴，有 12 个省（区、市）城镇化率高于全国水平，其中上海、北京、天津位列前三，分别为 89.3%、87.55%、84.7%，见《超 65%，城镇化进入"下半场"》，《人民日报（海外版）》2023 年 3 月 29 日，第 11 版。

际贸易、文化旅游，乃至细化下分到航空航天、电动汽车、电子竞技等诸多领域，上海还取得了许多个"世界第一""中国第一"。一言以蔽之，上海是中国，乃至整个世界，最重要的城市之一，在全球城市之林中蕴有一种独特的气质与魅力。

但站在今天，回望1949年那个夏天，却又是另一番人间世景。当时全球范围内的冷战格局已经成型，在以意识形态划分的两大阵营你死我活的对立情形下，上海难逃美国为首的西方国家对于中国所采取的敌视、封锁政策，大量的外资企业或被撤走，或被接收，或被合并，外侨基本撤走。在美英等国支持下，联合国对中国实行禁运，先前依靠进口原料才能运营的许多上海工业，或者转而依靠国内市场，或者改行，或者迁移内地。上海与外部世界，特别是资本主义世界各国广泛而密切的联系因时代巨变而断裂。城市内部的局面一点也不比外部环境乐观，历朝历代政权鼎革过程中常见的混乱情景，不一而足，城市街道有战争留下的痕迹。此时留在上海的人们，虽然心中怀揣着对社会主义制度下明日生活的种种向往与想象，但难言会有什么人真的可以准确预测到今日上海的盛世模样。

自中华人民共和国成立伊始，上海的城市发展动力与此前千百年的历史比较，迥然不同。在政治、经济、社会、文化多个维度上，整座城市都发生着急遽的沧桑巨变，由多元力量角逐的权力场域变化为受中央管辖的省级区划，全国性的文化中心降级为区域性的文化中心，由一个多功能中心日益演变成单功能中心，由一个消费型城市转变成生产型城市。1956年前后，上海的政治局面完全稳定下来，并通过第一个"五年计划"和"一化三改"，基本上完成了系统性的社会主义改造。

计划经济年代，上海所发生的一切，诸如境域面积的扩展、城市规划的制订、产业结构的调整、人口流动的限制、工厂人才的内迁、文化机构的进京，等等，都可视作城市发展动力变化的结果。上海的发展始终是整个中国发展战略中的一个组成部分，是一个大系统中的子系统，是全国一盘棋中的一颗棋子。在红旗飘飘、运动不断的日子里，上海依旧在工业建设、城市建设、科学技术、教育医疗等诸多方面取得了重大突破。这座城市千百年来沉淀下来的精神或品格，自有其顽强的生命力，并随着时代的演进而逐渐清晰起来。

改革开放以后，特别是浦东开发开放以后，上海的城市精神或品格再次得到升华。此次的开放，既包括对国际的开放，也包括对内地的开放。这次开放较之1843年那次开埠，更具自觉性、主动性、全局性，是一种有条件、有选择、有针对性的开放，亦是一种取长补短、趋利避害的开放。这一轮开放，加大了上海在全国发展大局中的权重，加大了上海的责任担当，增强了上海的创新能力，也体现了上海发展的巨大包容性。国家对于上海城市发展的定位不断调整，由"国内多功能中心、亚洲经济贸易中心"，到"一个龙头、三个中心"，再到"一个龙头、四个中心"，进而到"五个中心、排头兵、先行者"，内涵越来越丰富，作用越来越凸显。定位的变化，不仅是表面上数字的增加，本质上都兼及国家发展战略需求与上海自身发展两个方面，兼及城市发展与人民福祉改善两个方面。

在持续增强城市硬实力的同时，上海正以建设具有世界影响力的全球城市为目标，全面提升城市软实力。上海已总结提炼出"海纳百川，追求卓越，开明睿智，大气谦和"的城市精神，不断彰显"开放、创新、包容"的城市品格，以高质量发展为主题，以"人民城市"理念为指导，加快推进中国式现代化建设，使上海成为国际经济、金融、贸易、航运、科技创新中心及具有世界影响力的国际数字之都，使上海成为令人向往的创新之城、人文之城、生态之城，成为具有世界影响力的社会主义现代化国际大都市。

从 1949 至 2019 年整整 70 年，在中国共产党的领导、全国人民的共同努力下，这座被誉为"东方明珠"的城市走了一条怎样的道路，且到底做对了些什么，从彼时的低谷抵达今日的高峰，发出如此璀璨夺目的光彩，是本书冀望回答的核心问题。

第一章 向社会主义转向

（1949—1956）

1949—1956

1949 年 5 月 27 日，上海解放，标志着这座城市的历史揭开了崭新的篇章。中国共产党领导的人民军队开进了大上海。解放当天，以陈毅为主任的中国人民解放军上海市军事管制委员会（简称"上海市军管会"）宣告成立。在接管过程中，中国共产党紧紧依靠工人阶级，团结各界人士，包括一部分产业界民主人士、职工中有威望的领袖和党外文化工作者，照顾多方利益，克服美蒋封锁、轰炸和通货膨胀等种种困难，在一年内顺利完成了接管上海工作，初步建立起新的城市管理机构和工作方式。

为巩固新生的人民政权，上海市人民政府开展了镇压反革命运动、土地改革运动、抗美援朝运动、"三反""五反"运动。在镇压反革命运动中，坚决镇压了一批敌对分子，巩固了新生的人民政权；土地改革运动推翻了农村的封建土地制度，解放了农村生产力，促进了城市经济建设；在抗美援朝运动中，努力清除帝国主义在上海的影响，各基层单位普遍制定了爱国公约，各界人士积极捐献飞机大炮，显示了极大的爱国热诚；在城市经济逐渐活跃的过程中，资产阶级的不法行为不断出现，干部中的腐败现象开始萌芽，"三反""五反"运动及时制止了这一倾向。

1950 年国家实行财经统一，统一全国财政收支、统一全国物资调度、统一全国现金管理。上海从整理税收、推销公债、加强

第一章
向社会主义转向（1949—1956）

国营经济实力和银行控制投放入手进行贯彻。财政收入全部纳入国家预算，实行统收统支。1951年，上海市财政经济委员会成立后，加强对全市财经工作的统一领导和对私营工商业的社会主义改造。1952年实现了经济恢复和财政经济状况的根本好转。1953年起进入大规模有计划经济建设和对资本主义工商业及农业、手工业的社会主义改造时期，开始实施第一个五年计划（以下简称"一五"计划）。"一五"计划实施初期，抗美援朝战争尚未结束，国际形势比较紧张，鉴于上海地处国防前线，中央明确上海不作为"一五"期间的重点建设地区，上海执行了"维持、利用、积极改造"的方针。1955年初，国防前线局势一度紧张，上海提出"紧缩人口和加强战备"方针，动员大批市区人口回乡生产和支援内地建设，并压缩基本建设投资。

新政权面临的最大社会问题是社会秩序。为把人民群众从旧的组织、制度和陋俗中争取过来，上海人民政府还进行了社会改造，意义深远。消弭帮会势力、取缔反动会道门，游民、妓女被教育、改造为自食其力的劳动者，跑马厅改造为供市民休闲的人民广场和人民公园，赌徒集聚的回力球场改造为体育馆，哈同花园改造为上海展览馆。一条条臭水沟被填平，一栋栋工人新村破土动工，矗立起来。

陈毅在庆祝上海解放三周年大会上指出：三年来，由于上海人民不断的努力，上海已由一个依赖帝国主义经济而生存的城市，改变为独立发展的城市；上海已不是为帝国主义、反动势力服务的城市，而转变成为人民、为生产服务的城市；上海已大大清除了帝国主义及其走狗所遗留下来的污毒，开始走上正常而健康的发展道路，这是最值得纪念、最值得祝贺的！[1] 昔日的乌烟瘴气被一扫而空，代之而起的是一座清洁、健康、奋发向上的社会主义大城市。

---

1. 刘树发主编：《陈毅年谱》下卷，人民出版社 1995 年版，第 638 页。

第一章
向社会主义转向（1949—1956）

第一节　解放与接管上海

上海的解放在中国人民解放事业中具有特殊的意义。毛泽东亲笔修订的新华社 1949 年 5 月 29 日社论中写道："上海的解放，引起了全中国人民和全世界进步人士的欢呼。""上海是中国工人阶级的大本营和中国共产党的诞生地，在长时期间它是中国革命运动的指导中心。虽然在反革命势力以野蛮的白色恐怖迫使中国革命的主力由城市转入乡村以后，上海仍然是中国工人运动、革命文化运动和各民主阶层爱国民主运动的主要堡垒之一。上海的革命力量和全国的革命相配合，这就造成了上海的解放。""上海是一个世界性的城市，所以上海的解放不但是中国人民的胜利，而且是国际和平民主阵营的世界性的胜利。"[1] 纪律严明、为民服务是解放军给上海人的第一印象，上海人看到了一支新型军队。美国《生活》(*LIFE*) 杂志根据大量有关解放军遵纪爱民的新闻报道，发表评论说："各项消息指出了一个历史性的事实，即国民党的时代已经结束。"[2]

一、解放上海

中国人民解放军初进上海，遵照陈毅司令员关于"没有找到营房以前，一律睡马路"的指示，不入民宅而露宿街头。他们以

---

1. 新华社社论：《祝上海解放》，《人民日报》1949 年 5 月 30 日，第 1 版。
2. 中国人民解放军上海警备区政治部等编：《警备大上海》，上海远东出版社 1994 年版，第 76 页。

《祝上海解放》,《人民日报》1949年5月30日

英勇无畏、顽强战斗、不怕牺牲以及号令严明和严格遵守纪律的品质,在上海人民心中留下了极其深刻的印象。中国人民解放军以摧枯拉朽之势攻占了上海。

1. 解放上海战役

人民军队在1949年4月23日解放南京,5月3日解放杭州,5月12日发起解放上海的淞沪战役。蒋介石令汤恩伯集中8个军

20多万人固守上海，汤恩伯在上海及外围构筑了上万个防御工事。中国人民解放军第三野战军在陈毅司令员的指挥下，分东西两路直趋上海。从5月13日到5月24日，连克嘉定、金山、松江、青浦、奉贤、南汇、川沙等县，截断吴淞口退路，猛攻外围据点，尽可能在外围歼灭敌人，然后突破市区防线；5月25日，苏州河以南市区全部解放；25日、26日，国民党淞沪警备副司令刘昌义率部四万多人起义；26日，解放军占领吴淞要塞；27日，上海全市解放。

解放上海是一次风格独特的城市战争，也是上海城市在新旧交替中辉煌的一章。为了尽量减少战争对上海城市的破坏，中共领导一再强调：投鼠忌器，要尽量避免使用火炮和爆破，既要消灭敌人，又要保全城市。攻城部队忠实地执行了这一指示，使得市区建筑比较完好地保存了下来。解放上海战役历时16天，歼敌15.3万，有解放军指战员7 613人、随军支前干部及民工共72人、上海地方各界志士100人牺牲。

2. 上海市军管会和人民政府成立

上海解放当天，上海市军管会宣告成立，陈毅为主任，粟裕为副主任，下辖政务、财经、文教、军事等四个接管委员会，立即着手接管工作。政务接管委员会接管政务部、司法部所属部门；财经接管委员会接管的单位最多，包括财政部、金融部、贸易部、轻工业部、重工业部、农林部、铁道部、邮电部、航运部、工务部、公用部、敌产调查清理部等12部所属众多部门和企业；文教接管委员会接管市教育接管部、国立学术机关接管部、宣教机构接管部所属机构；军事接管委员会接管军事部、海军部、空军部、后勤部、训练部所属部门。[1]

上海解放与上海军管会成立的报道，《解放日报》创刊号，1949 年 5 月 28 日

---

1. 中共上海市委党史研究室、上海市档案馆编：《接管上海》上卷，中国广播电视出版社 1993 年版，第 67—77 页。

翌日，上海市人民政府宣告成立，陈毅担任首任市长，副市长为曾山、潘汉年、韦悫。下午3时，在当时的市府大楼内举行了接管上海市政府的仪式，旧政权的末任代理市长、在职时间仅5天的赵祖康向陈毅上交了国民党上海市政府的印信。历经百余年近代沧桑的这颗东方明珠，终于重新回到了中国人民的手中。

二、接管上海

接管上海是解放后的首要工作，接管工作进行得顺利平稳。对于上海这个中国第一大城市的接收和管理，中国共产党高度重视，事先在政治上、组织上做了充分的准备。1948年12月，中共中央致电上海局，要求选派30—50名干部前往东北解放区学习城市管理经验，为接管上海、南京等城市做干部人才的储备工作。1949年3月，即中共七届二中全会期间，毛泽东专门召见华东局领导，讨论占领与管理上海问题，并点名要陈毅担任上海第一任市长。毛泽东认为，新中国第一任上海市市长，应该是文武双全、军政水平一流的帅才，而陈毅就是这样一位不可多得的帅才。毛泽东向陈毅强调，上海不同于一般的城市，在上海搞坏一件事，全世界都知道。此后，毛泽东多次听取中共中央上海局的汇报，表示：华东的同志如果能够把上海搞好，上海和全中国的人民永远不会忘记你们，全中国与全世界的人民，甚至我们的敌人，都将以上海工作的好坏来考验我们党有无管理大城市和全国的能力。[1]

接管上海的领导班子是在七届二中全会后决定的。陈毅为首，另有曾山、刘晓、刘长胜、潘汉年。以上诸人都是党内熟悉城市工作、善于管理城市的合适人选。曾山主持过接管济南的工作，属于有城市工作经验的干部；刘晓、刘长胜都是上海地下党领导，此前分别担任中共中央上海局书记与副书记，十分熟悉上海；潘汉年长期在上海工作，熟悉上海社会特别是文化界情况，让他分管政法与统战工作也是最合适人选；另外，中央决定夏衍分管文教系统；许涤新协助曾山接管财经，并对民族资产阶级展开统战工作。这些人都是各自领域中的佼佼者，让他们参与上海领导工作，可见中央对接管上海的重视。

接管过程中，中国共产党依靠工人阶级，团结各界人士，包括一部分产业界民主人士、职工中有威望的领袖和党外文化工作者，照顾多方利益，克服财政金融危机、美蒋封锁轰炸等种种困难，在一年内顺利完成了接管上海的工作，初步建立起自己的城市管理机构和工作方式。

上海的接管工作分为接收、管理与改造三个阶段。接收阶段包括移交、清点和接收；管理阶段包括研究和考察，进行局部改编和整编；改造阶段包括肃清国民党旧制度，建立新制度。整个接管工作顺利平稳，除了军事系统外，其他系统的房屋、器械、

---

1. 参见中共上海市委、中共中央文献研究室联合摄制的大型文献纪录片《毛泽东与上海》解说词，载《新民晚报》1998年12月25日。

设备、档案都保存得相当完好。在整个过程中，接管人员严守纪律、廉洁奉公。

三、建设新政治制度

根据中共中央指示，在新解放的城市中，人民民主政权机构的设置分两步走，第一步先建立临时的军事管制机构，过渡一段，待局势稳定后再进行第二步，即建立正规的人民民主政权机构；军事管制基本任务大体完成，城市秩序安定，一切市政机关建立并经过上级批准以后，始得取消军事管制。市军管会和市政府共同履行人民政权的职能，凡既定的各项政策一般以市政府名义公布，凡带紧急性、临时性或试验性的处置则由市军管会发布命令实施。

新政权在进城之前已经做好了必要的准备，并对一些具体问题有了明确计划。上海解放初期，中共中央华东局直接领导上海的工作，华东局部分领导成员同时担任上海市委领导职务。在一段时间里，中共上海市委和华东局领导机关合署办公，并使用"中共中央华东局暨中共上海市委员会"的名称。上海市委书记为饶漱石，副书记为陈毅、刘晓。1950年1月，中央决定将上海市委与华东局领导机构分开，任命陈毅为市委第一书记，刘晓为第二书记，刘长胜为第三书记。

上海的政府机关，是在接管旧上海的政府机关以后建立起来的。上海从军事管制时期转向正常建置的过程中，逐步确立上海市委、上海市政府的各级政权体制，建立上海市人民代表大会制度和政治协商会议制度，并开创性地建立基层组织网络。新政治制度的建设逐步完善。[1]

第二节　建立与巩固政权

上海市人民政府建立初期，是集中行使行政权、立法权和司法权的地方政权机关。1949 年 8 月开始召开各界人民代表会议，属于政治协商性质。自 1950 年 10 月召开的二届一次会议起，各

1950年10月选举产生上海市第一届人民政府委员合影（前排自右至左：项叔翔、赵祖康、黎玉、刘长胜、汤桂芬、潘汉年、陈毅、盛丕华、沈尹默、包达三、刘晓、吴蕴初、郭化若，后排自右至左：马纯古、朱俊欣、张祺、扬帆、周林、荣毅仁、申葆文、郭棣活、苏延宾、许涤新、夏衍、冯雪峰、王芸生、张耀祥、胡子婴）

1950 年 10 月选举产生上海市第一届人民政府委员合影

1.　参见熊月之总主编，张秀丽主编：《上海通史·第 13 卷·从上海解放到社会主义改造时期（1949—1956）》，上海辞书出版社 2021 年版，第 89—107 页。

界人民代表会议代行上海市人民代表大会职权。1954年，在普选基础上，由下而上地召开各级人民代表大会，产生正式的地方国家权力机关。1955年，按照宪法，上海市人民政府改为上海市人民委员会，市人民法院、人民检察院与行政机关分开，单独设立。同年5月，中国人民政治协商会议上海市委员会正式建立，区县乡镇也进行了相应的组织建设。至此，党委、人大、政府、政协四套班子建立齐全。然而，新政权在建立后的第一年，就遇到了投机风潮、敌对势力封锁和国民党轰炸等重大事件的严峻挑战。

一、反投机·反封锁·反轰炸

1949年5月28日，上海市军管会宣布取消金圆券，以人民币收兑金圆券。收兑工作颇为顺利。6月5日起，金圆券被禁止流通。在人民币建立起信誉以前，投机商利用市民恐惧通货膨胀、储存金银外币以保值的心理，操纵金银外币市场，进行投机。从5月28日至6月5日晨，每枚银圆与人民币（旧币）的兑换率从660元飙升至1300元，此后一路飞涨，6月9日涨至近2000元；物价也随之狂涨。6月10日，市军管会采取断然措施，派兵包围并占领银圆投机中心汉口路上海证券交易所，逮捕投机商200多人，严禁金银外币流通和私相买卖。这一铁腕手段立竿见影，人民币通货地位就此确立，物价也逐渐平稳下来。

自1949年6月23日起，美帝国主义和国民党军队对长江口以北的出海口实行武力封锁，这使大量原材料依赖进口的上海经济陷入困境。上海市政府制订了反封锁斗争的方针，包括积极支持解放军南下，解放全中国；有计划地疏散人员，将部分学校、工厂内迁；改变上海生产方针和发展方向，自力更生，摆脱对西方国家的依赖；加强农村工作，扩大工业品市场；发展内地交通，鼓励城乡物资交流；节衣缩食。这些被迫采取的应对方针，对于缓解上海的困难起了重要的作用，上海经济也被迫从外向型转为内向型。

从 1949 年下半年开始，反动派军机不断轰炸上海，最严重的是 1950 年 2 月 6 日，美蒋飞机 17 架，投弹 60 多枚，毁屋千余间，伤亡千余人，杨树浦发电厂等遭到严重破坏。上海市政府除了加强政治思想工作之外，积极修复电厂，并加紧建立防空体系。5 月，人民解放军攻占舟山机场，摧毁了国民党军队就近轰炸上海的航空基地，反轰炸斗争取得了最终胜利。

二、抗美援朝·镇压反革命·土地改革

1950 年 6 月 25 日，中国近邻的朝鲜半岛爆发了大规模南北内战，随后美国等西方国家借联合国之名决定介入，支持李承晚政权。10 月 10 日，中共中央作出"抗美援朝、保家卫国"的决策，出兵朝鲜。上海与全国各地一样，立即掀起"抗美援朝、保家卫国"运动：群众集会、示威游行、医务工作者参加赴朝志愿服务队、汽车司机参加赴朝志愿运输队，等等。1951 年 6 月开始举行的捐献飞机大炮活动，到 1952 年 5 月，上海各界捐款 8 000 多亿元，可购飞机 566 架，占全国捐献总数的近六分之一。

1950 年 10 月中旬，中央决定在全国进行镇压反革命运动。

国民党被赶出上海以后，残留、潜伏的特务甚多。上海市军管会自进城之日起，到1950年10月初，逮捕反革命分子1.2万余人。中央关于镇反的决定下达以后，上海加大了镇反的力度。1951年1月至4月中旬进行反动党、团、特务人员登记，登记人员累计2.3万余；同时对反革命分子实施逮捕。从5月到9月，上海共判决反革命案犯9614人，其中死刑1931人。从1951年8月开始，对军政机关内留用旧人员和新吸收知识分子中暗藏的反革命分子进行清查。镇反运动打击了反革命势力，纯洁了军政机关，稳定了社会秩序。

上海的土地改革运动始于1950年12月，终于1951年11月，历时一年。当时上海有10个郊区，人口75万，土地73万亩，其特点是人多地少，土地关系复杂，地主很少，富农不多，外来人口比例很大。上海市各级人民政府按照中央的精神，结合本地的情况，制订了具体实施办法。政府派工作队下乡帮助工作。运动分发动群众、划分阶级、没收和分配土地、复查总结等阶段，辅之以讲理诉苦、提高阶级觉悟、批斗地主等手段。运动结果是没收、征用土地18万多亩，房屋8000多间，25万多农民分得土地。这是市郊土地关系、社会关系的一次大变动，为日后集体化、城市化打下了基础。

三、"三反""五反"运动

"三反"，即反贪污、反浪费和反官僚主义；"五反"，具体指的是反行贿、反偷税漏税、反盗骗国家财产、反偷工减料和反盗窃经济情报。"三反"始于1951年12月,其对象称"三害",主要在共产党和政府、军队、国营企业等机关内部进行;"五反"始于1952年1月,其对象称"五毒",主要在私营工商业中进行。"五反"系因"三反"而起,两运动互相联系,相辅而行,同于1952年7月结束。

"三反"运动经过民主检查、坦白检举、打"老虎",即清查贪污犯、核实定案、思想和组织建设等阶段;"五反"则经过集中学习、交代违法行为、职工背靠背检举揭发或面对面斗争等阶段。上海是中国经济中心城市,"五反"运动展开后,一度影响经济活动正常运行,这引起了中央的重视,随后对运动打击面作了严格控制,提出守法和半守法半违法资本家应占95%,所以运动后期处理较宽。运动的结果是,上海市属机关、群众团体、国营企业中揭发出贪污分子3.6万多人,打出大小"老虎"9 693只;私营工商业中,被定为严重违法户和完全违法户的不到4%。由于预先分配"打虎"指标和群众运动的失控,运动中出现过一些偏差,但后来得到了纠正。

四、经济恢复,文化调整

经过艰苦卓绝的三年努力,上海胜利地完成了恢复国民经济的任务。到1952年,本市工农业总产值达71.49亿元,比1949年增长91.5%,年均递增24.2%。其中,重工业增长2.4倍,增长幅度最大;发电量、成品钢材、棉纱都超过历史最高水平。财政收入大幅度增长,从1949年的3 400万元增加到1952年的 19.3 亿元。产业结构有所调整，三年间，重工业所占比重从 11.8% 上升到 20.9%，轻工业则从 88.2% 下降至 79.1%。国营、私营经济都有增长，前者增长幅度更大。交通运输业得到了恢复和发展，铁路货运量、港口吞吐量均大幅度增加。市政设施也得到了一定程度的改善，"药水弄"等 180 处棚户区居民的居住环境得到根本改善，建立给水站、填平臭水浜、安装电灯。"一市三治"时代遗留下来的城市公共事业中各自为政的混乱状态，也在一定程度上得到了治理。

文化方面，上海市政府对科学研究机构进行了调整和扩充，一批从国外归来的科学家成为科研方面的生力军。三年间，上海的高等院校陆续作了调整，特别是 1952 年按中央统一部署对高校院系进行了大调整。这次调整，上海保留了复旦大学、交通大学、同济大学等一批老牌大学，合并光华大学、大夏大学等院校为华东师范大学，新建了华东化工学院、华东政法学院、上海第二医学院等，外迁了同济大学医学院（迁至武汉）、上海航务学院（迁至大连）、上海美术专科学校（迁至苏州），停办了一些学校。从 1951 年开始，市政府收回了圣约翰大学、沪江大学等所有接受外资津贴的学校。1949 年，上海有各种高等学校 44 所，通过调整，到 1952 年还有 15 所。与此同时，对各校的系科、专业也作了调整，使师资、财力和物力相对集中，在一定程度上改变了教育布局混乱、系科设置不合理的状况，但也留下了一些后遗症。有些基础较好、已形成一定办学传统的综合多科性学校，被调整为文理综合和单科性学校，社会学等学科被停办，财经、法学等被压缩，不利于学科综合和交叉发展。院系调整对上海的高等教育产生了深远而复杂的影响。这一时期，在校学生人数有了大幅度增加，学生的结构有了较大的变化，工农子弟入学人数大增。

新闻业方面，原国民党和外资新闻机构或撤或封或自动停办，国营的《解放日报》《劳动报》《青年报》和英文《上海新闻》，公私合营的《大公报》《文汇报》，或新创或革新，成为新时代新闻事业的主体部分。上海人民广播电台、华东人民广播电台成为传播上海声音的主要喉舌，以前散处上海街巷的 16 家私营电台则由私营到公私合营到最终被国营电台赎买。出版方面，上海打破先前出版界模式，将原来连在一起的出版、印刷、发行三个环节分开，成立三个各自独立的企业。

第三节　五年计划与"一化三改"

1952 年下半年，中国从新民主主义阶段进入一个过渡时期。在 1953 年 6 月 15 日的中共中央政治局会议上，毛泽东第一次对过渡时期总路线作出完整的表述："党在过渡时期的总路线和总任务，是要在十年到十五年或者更多一些时间内，基本上实现国家工业化和对农业、手工业、资本主义工商业的社会主义改造。"[1] 这就是通常所说的"一化三改"。上海第一个五年计划的编制就

---

1. 毛泽东：《批判离开总路线的右倾观点》，《毛泽东选集》第 5 卷，人民出版社 1977 年版，第 81 页。

是根据党在过渡时期的总路线和总任务制订的。

在讨论第一个五年计划时，中央鉴于当时比较紧张的国际形势，认为地处国防前线的上海不宜作为国家重点建设地区，确定上海工业发展方针是"维持、利用，积极改造"。实际上，"一五"的前三年对上海是"维持、利用"多，"积极改造"少，上海工业发展速度低于全国水平，1955 年出现 1949 年以来第一次下降。1955 年初，由于美国和退居中国台湾的国民党当局制造战争威胁，国防前线局势紧张，上海又提出"紧缩人口和加强战备"的方针，动员大批市区人口回乡生产和支援内地建设，同时压缩基本建设投资，对工业生产积极发展打算比较少，维持方面考虑比较多，国家 156 个重点项目没有一个安排在上海。

一、第一个五年计划的制定

1952 年底，在中央人民政府政务院财政经济委员会（简称"中财委"）和中共上海市委领导下，上海着手编制"一五"计划。因上海市计划委员会尚在筹建，"一五"计划的编制工作先由上海市财委负责进行。计划编制程序，根据国家统一规定，采取的是"二下一上"的办法，即自上而下颁发计划控制数字，自下而上逐级编制并上报计划草案，再自上而下逐级批准下达计划。1954 年 10 月，国家计划委员会（简称"国家计委"）下达了上海"一五"计划的控制数字，内容包括工业生产、农业生产、林业、交通运输、国内贸易、基本建设、城市公用事业和文化教育卫生事业等八个方面。12 月，上海市计划委员会成立，根据国家计委下达的指标和上海市委的意见，编制了《上海市发展国民经济第一个五年计划纲要草案（初稿）》上报。1955年2月，国家计委下达了上海"一五"计划的核定数。3月15日，上海正式向中共中央和国家计委报送"一五"计划的纲要草案。同年11月9日，上海市"一五"计划经国务院批准下达。

在"一五"计划时期，上海虽然未被列为国家重点建设地区（156个重点建设项目都不在上海），但作为全国最大的工业基地和工商业最集中的城市，上海不仅要把本地区建设搞好，还需要在国家的计划下支援全国的经济建设。由于当时新建的工业企业大部分还不能马上投入生产，因而实现"一五"计划所规定的工业生产任务仍主要由原有的工业企业来承担。五年内，在工业生产新增加的产值中，要求有70%左右依靠挖掘原有工业企业的生产潜力来获得。上海是全国最大的工业基地之一，1952年上海生产的抗菌素、毛线、缝纫机、自行车总量占全国50%以上的份额，全国四成以上的电动机、胶鞋在上海生产，另外棉纱、棉布、卷烟、机床等产量也位居全国前列。上海生产的工业品绝大多数是面向全国的，许多机电产品主要是支援全国各地的基本建设。"一五"计划时期，上海不少工厂还要给156项重点建设项目生产配套设备。例如，在1956年设备承制的分交任务中，国内负担40%，其中要上海在1957年完成的就有62个重点项目、500个品种、11 522台设备。1952年占上海工业总产值52%的纺织工业也主要是为全国服务的，这一年通过商业部系统调往全国各地的棉布达6.83亿米，占全市产量

第一章

向社会主义转向（1949—1956）

的 63.7%。[1]

上海是全国最大的城市，资本主义工商业集中，本地区的经济建设和社会主义改造任务也很繁重。上海私营棉纺、毛纺、丝织、卷烟、面粉、制药、搪瓷、铝制品等工业在全国占有很大比重。1952 年，接受国家加工订货和自产自销的私营工业产值，占全市工业总产值的 64.4%，占全国私营工业产值的 40%。私营批发商的户数和从业人员几乎占全国批发商的三分之一。私营零售商业商品零售额占全市商品零售额的 77.7%。同年，全市 2.5 万多家私营工厂仅有 65 家工厂实行公私合营，8 万多手工业从业人员合作化的比重只有 5.5%，10 多万个体摊贩有待改造；郊区有近一半的农户未参加互助组。[2] 此外，许多行业在国民经济改组中面临着进一步转业、转产或淘汰的问题。受到海上封锁、对外贸易受阻的影响，一些生产原料和产品销售主要依赖国外市场的工业企业发生了不同程度的生产困难，有的停产，有的开工不足。

为此，上海"一五"计划规定的基本任务，首先贯彻党在过渡时期的总路线，积极而有步骤地对私营工商业进行社会主义改造，扩大对私营零售商的经销、代销，全面安排与控制零售市场，并完成大部分农业和手工业的合作化；其次有计划地减少城

---

1. 孙怀仁主编：《上海社会主义经济建设发展简史（1949—1985 年）》，上海人民出版社 1990 年版，第 137 页。
2. 孙怀仁主编：《上海社会主义经济建设发展简史（1949—1985 年）》，上海人民出版社 1990 年版，第 138—139 页。

市中过剩的消费性行业，对主要行业进行生产组织、技术设备、经营管理等方面的改革，把上海改造成为适合国家建设需要的生产性城市；再者，在发挥现有企业潜力的基础上发展生产，裁并整合，组织合适的企业内迁，支援内地建设。

根据以上基本任务，上海"一五"计划最后确定的几项主要指标是：

（1）工业生产方面，1957年工业总产值计划达到106.4亿元（按1952年不变价格计算），比1952年增长68.4%，平均每年递增11%。按照优先发展重工业的方针，重、轻、纺工业的增长计划幅度分别为112.7%、87.6%和35%。在钢材等20种主要产品中，除金属切削机床和变压器外，其余18种均要求增产。其中，增幅最大的是民用船舶，增长幅度达14.3倍；增长1倍以上的有钢、钢材、平板玻璃、自行车、食用植物油、卷烟等6种；增长25%—100%的有发电量、烧碱、汽车外胎、水泥、交流电动机、胶鞋、火柴、纸及纸板、棉纱等9种；增幅最小的是棉布，仅25%。此外，新产品汽轮机要求到1957年达到年产8.45万千瓦的水平。

（2）农业生产方面，五年内上海郊区（按当时区域）计划压缩耕地面积7.6万亩，以满足基本建设征用农田的需要。同时，为了扩大蔬菜生产，计划相应压缩粮食和棉花的播种面积32.8万亩，为此，要求通过提高单产来达到增产的目的。计划到1957年，粮食和棉花亩产分别达到212公斤和25公斤，比1952年分别增长96.4%和59.7%；总产量分别达到6.95万吨和2 500吨，前者比 1952 年增长 17.8%，后者减少 23.4%。

（3）基本建设方面，五年内计划市属系统基本建设投资总额为 2.57 亿元（不包括中央在沪企业），各部门投资比重为：城市公用事业占 49.4%，文教卫生事业占 30.7%，工业占 6.9%，农林水利占 4.8%，建筑业占 4%，交通运输和其他各占 2.1%。

（4）国内外贸易方面，计划到 1957 年，全市社会商品零售总额达到 22.88 亿元，为 1952 年的 117%。出口商品总额五年累计 54.25 亿元。

（5）交通运输方面，计划到 1957 年，铁路运输货物发送量达到 241 万吨，汽车货运量 999 万吨，水运货运量 913 万吨，港口吞吐量 1 576.7 万吨。

（6）城市公用事业方面，计划到 1957 年，道路总长度达到 1 434 千米，煤气管总长度 480 千米，电车线路总长度 213 千米，公共汽车车辆 572 辆，轮渡 21 艘。

（7）文教卫生方面，在教育事业中，五年内全市普通中学计划累计招生 41.08 万人，1957 年在校生总数达到 28.22 万人；小学计划累计招生 112.69 万人，1957 年在校生总数达到 78.27 万人。大学招生系中央掌握，未列入地方计划。在卫生文化事业中，计划到 1957 年，医院病床总数达到 7 700 张，疗养院床位达到 622 张，电影院有 43 座。

（8）社会主义改造方面，计划到 1957 年，市郊组织起来的农户占到总农户的 85%，其中参加集体农庄的占 3.9%，参加农业合作社的占 65.6%，参加互助组的占 15.5%；手工业生产合作社和生产小组的产值比重占到整个手工业的 77%；私营大型工业中，占 80% 产值的企业改造为公私合营企业，代销、经销的比重达到社会商品零售总额的 50% 以上。[1]

到 1956 年，上海提前 1 年零 3 个月完成了第一个五年计划，取得了巨大的经济成就，为全面进行社会主义经济建设打下了坚实的基础。

二、"一化三改"

从 1953 年开始实施第一个五年计划起，上海作为工业生产型城市的特征逐渐鲜明，单一化的城市功能日益突出，基本表现就是，以重工业为核心的工业基础性投资大大增加，工业化的程度迅速提高。与此同时完成的是生产资料私有制的巨大变革。

1. 工业比重提升，结构明显调整

工业结构中，上海重工业有较大增长，特别是以 1953 年和 1956 年增长为最快，增长幅度都在 50% 以上。当时，上海重工业大体上可分为冶金工业、机电工业、造船工业、化学工业和建筑材料工业五大类。由于贯彻执行党和国家关于优先发展重工业的方针，上海重工业增长的速度超过轻工业和纺织工业的增长速

1. 孙怀仁主编：《上海社会主义经济建设发展简史（1949—1985 年）》，上海人民出版社 1990 年版，第 141—143 页；熊月之总主编，张秀丽主编：《上海通史·第 13 卷·从上海解放到社会主义改造时期（1949—1956）》，上海辞书出版社 2021 年版，第 171—172 页。

第一章
向社会主义转向（1949—1956）

度，使重、轻、纺织工业的比重发生了显著变化。从总体上看，重工业的比重在上升，轻工业持平，纺织工业则下降。到1956年"一五"计划提前完成时，重工业所占工业总产值的比率从1952年的20.9%上升到29.8%，轻工业从31.1%上升到31.8%，纺织工业从48.0%下降到38.4%，上海工业结构开始向重、轻、纺并举的方面发展。[1]

产业结构中，上海工业的比重扩大，从1952年的58.2%上升为1957年的69%；商业比重缩小，从1952年的36.2%下降为1957年的26.2%；上海经济在"一五"计划期间发生的重要变化。

经过第一个"五年计划"的实施，上海打下了工业化的初步基础，使之有能力发挥工业基地的作用，担负起支援全国建设的重任。

2. 基本完成社会主义改造

自1953年始，上海加快进行三大改造，到1956年基本完成对生产资料私有制的变革。在1952年，国营、集体和国家资本主义三种经济合起来才占32.2%，私人资本主义经济占了64.2%；到1956年，上海工业总产值中，国营、公私合营、合作社三种经济占99.9%，私营工业（主要是个体手工业）仅占0.1%。上海商业零售总额中，国营、公私合营与合作社三种经济占98.1%。

---

1. 熊月之主编：《上海通史·第12卷·当代经济》，上海人民出版社1999年版，第13—14页。

全市手工业从业人员93.1%参加了生产合作社；郊区农民不但过渡到初级社，而且进入了高级社。

上海的社会主义改造是在社会震荡不大、生产持续发展的状态下进行的，是中国社会主义的一大创造，但在实行过程中，特别在后期，出现了造声势、赶进度、求集中、忽视差别、强迫命令、不讲自愿的偏差和错误，出现了越大越好、越公越好、越高越好、越快越好的偏向，超越了社会生产力发展的水平。

第四节　社会面貌焕然一新

新旧制度交替之际的社会面貌势必存在很多问题。新政权建立之初，不仅有国民党反革命残余势力的破坏，还有那些在光天化日之下杀人越货、持械抢劫的土匪、盗贼、流氓、恶霸等破坏捣乱，扰乱社会秩序，散布在大街小巷的赌场、烟馆、妓院，严重影响社会风气。这些现象构成了影响上海市面稳定的重要因素。中共华东局和上海市委在百废待兴、百业待举的艰难情况下，坚决贯彻执行中央有关社会改造的决策，经过短短几年的整治，就将那些横行一时、不可一世的反革命残余分子、特务、流氓、地痞、恶霸和那些大大小小的盗贼、土匪、帮会头目几乎一网打尽；同时，对那些出没无常、流窜作恶及其他社会不安定因素如小偷、扒手、游民、乞丐、妓女、赌徒、吸毒犯、散兵游勇予以收容、改造和安置，取得了城市社会改造的决定性胜利，从根本上改变了上海的社会面貌和风气。

一、整肃旧风气

1949 年前，上海的基层社会在复杂的历史和社会环境下，形成了一些畸形组织、不合理制度和烟赌娼等陋俗。人民政府自成立伊始即十分重视对基层社会的改造，以人民群众为服务对象和力量源泉，进行了改造游民、消弭帮会势力、取缔会道门、禁毒禁赌禁娼等多项社会改造工作，起到了移风易俗作用，社会面貌随之改善。

1. 改造游民与妓女

1949 至 1952 年，新政权在社会改造方面，有两大德政最为世界所称道，即改造游民与妓女。上海原是游民麇集之所，1949 年以前游民号称有 10 万，其中不少是流氓、乞丐、小偷，他们打架斗殴、聚赌贩毒、欺诈勒索、为非作歹、横行霸道，严重扰乱社会治安。新政权建立后，为了铲除这些社会毒瘤，惩凶与教化双管齐下，一面镇压恶霸、奸厥渠魁，一面成立教养所，将流氓宵小改造为自食其力的劳动者。上海原是远东乃至全世界著名的妓女聚集地，1949 年以前有大小妓院 800 多家，妓女 3 万多人。新政权建立后，立即明令妓院歇业，1951 年 11 月 26 日封闭了所有妓院，逮捕院主，解放、教养妓女，为她们医治性病，提供就业机会。这两项工作，措施得力，成效显著，对于维护上海社会治安、净化社会空气、树立上海城市新的形象，都有重要意义。

2. 禁毒

上海的毒品泛滥问题并没有随着上海解放而自然消失，上海市人民政府高度重视禁毒工作，并着手从根本上整治这一社会顽症。从 1949 年 6 月至 1950 年 5 月，上海市公安局破获烟毒案件 2 602 件，抓获犯罪分子 4 117 人；从已逮捕的毒犯组成上看，无业、失业 764 名，舞女、妓女、家庭妇女 520 名，惯犯 268 名，以无业、失业以及从事非正常职业者居多。1950 年 2 月，上海市民政局在中央人民政府政务院颁布《关于严禁鸦片烟毒的通令》后，初步拟订《上海市禁烟禁毒工作计划》《上海市禁烟禁毒暂行办法》《上海市禁烟禁毒委员会组织规程》《上海市禁烟禁毒登记规则》《上海市禁烟禁毒施戒调验规则》《上海市禁烟禁毒委员会戒烟所组织规则》《上海市禁烟禁毒宣传提纲》等 7 项草案，并于 6 月 1 日机构调整时设立禁烟禁毒科。同年 9 月 12 日，政务院发出《内务部关于贯彻严禁烟毒工作的指示》，华东军政委员会随后发布《关于决定查获毒品之处理办法的通令》。上海市人民政府据此迅速部署严禁种植、制造、贩卖、吸食毒品，收缴散存在民间的鸦片烟土和毒品。

1951 年 2 月，上海市人民政府发布《关于重申毒品买卖禁令的指示》，要求坚决严禁一切毒品买卖行为。1952 年 4 月召开的上海市第二届第二次各界人民代表会议上，有关禁烟禁毒的提案共有 6 项，都强烈呼吁政府尽快采取必要的禁毒措施。[1]

1952 年 7 月 12 日，上海市肃清毒品委员会成立。8 月，禁毒运动总指挥部成立，下设办公室、群众动员部、宣传部、作战

---

1. 《上海市民政局关于本市烟毒危害简况》，上海市档案馆藏，档案号：B168-1-754。

部、量刑处理部、登记部、检查巡视部等；各区成立肃毒分会。8 月 13 日，上海市肃清毒品委员会发布关于逮捕毒犯的通报，一场声势浩大的禁毒运动正式开启。整个运动为三期：第一期自 8 月 13 日起，是统一破案逮捕，突击审讯，扩大线索，查证材料；第二期自 8 月 24 日起，宣传政策，发动群众检举，号召、督促毒犯坦白、登记、立功赎罪；第三期从 9 月 15 日到 11 月底，即追捕漏网毒犯和进行处理结束工作。三期禁毒工作部署主要是针对制、贩、运毒犯，对吸毒人员，采取自己登记与公共机关调查相结合的方法，摸清人数及人员情况，在规定的期限内自行戒绝或到指定的 30 家医院戒毒。禁毒运动采取"严厉惩办与教育改造相结合"的方针。1952 年 11 月底，运动基本结束，全市共破获制贩运毒专案 159 起，共查处制贩运毒犯 13 685 人。

这场禁毒运动基本上根治了上海的毒害。到 1953 年底，由于搜缴了残存毒品、毒具，切断了境外毒品来源，吸毒者戒除了毒瘾，上海当年的烟毒案件只有 53 起，1954 年仅有 8 起。上海市内已无毒可吸和无人吸毒，成为一个名副其实的无毒城市。[1]在其后 20 多年上海公安机关的刑案统计表上，烟毒罪一栏有 15 年都是空白。[2]

3. 禁赌

中国共产党接管上海后，所有赌博场所很快被取缔，赌博活

1. 苏智良、彭善民、胡海英、张虹：《上海禁毒史》，上海三联书店 2009 年版，第 222 页。
2. 《上海公安志》编纂委员会编：《上海公安志》，上海社会科学院出版社 1997 年版，第 156 页。

动也被明文禁止。1951 年 8 月 27 日，上海市军管会下令收回跑马厅，改建为人民公园和人民广场；逸园跑狗场改为文化广场；回力球场改建为卢湾区体育馆；好莱坞赌场改为长宁区工人俱乐部。另一方面，通过整顿治安和镇压反革命斗争，把聚赌抽头的流氓恶霸和以赌为常业的赌头赌棍，分别逮捕判刑或劳动教养。政府明令严禁生产和运销赌具，并加强日常治安管理。各机关单位和街道里弄则组织干部职工和居民群众，积极开展群众性的健康有益的文娱体育活动，引导其兴趣转移。

解放初期的禁赌工作，对上海市民家庭娱乐性的赌博现象以教育为主，不予取缔，但对钱财输赢数目较大、聚众抽头等危及社会治安的赌博活动，予以坚决打击。将赌博按其性质一分为二地处理，有助于市民区分赌博与娱乐的界限。[1] 20 世纪 50 年代中期以后，赌博现象虽仍存在，但规模和数量均大为缩减，警方也将打击赌博作为一项经常性工作，列入社会治安管理的范围。

二、改善基础设施

上海在"一五"计划时期，开始有计划地进行城市改造和建设。五年内，新建住宅 294 万平方米；新增道路 758 千米；新建桥梁 231 座，其中有横跨苏州河的长寿路桥、武宁路桥和吴淞蕰

---

1. 熊月之总主编，张秀丽主编：《上海通史·第 13 卷·从上海解放到社会主义改造时期（1949—1956）》，上海辞书出版社 2021 年版，第 241—243 页。

藻浜大桥；新辟或延长了几十条公交路线；新增下水道395千米；敷设煤气管55千米、自来水管313千米；新增450多个公共供水站；新辟公园绿化面积1平方千米。[1] 在城市基础设施改造建设中，影响最大的是肇嘉浜改造工程。

1. 肇嘉浜改造工程

1954年，上海市政府开始改造肇嘉浜，计划把昔日被称为"上海龙须沟"的臭水浜改造成一条宽敞整洁的林荫大道。该项工程规模相当巨大，是上海市"一五"计划期间的重点建设项目之一，主要包括：第一，填平3千米长的臭水浜，埋设长达5 000多米的巨型污水干管，其中通向日晖港的一部分管道宽2.4米，高3.8米，连汽车都可以开进开出；第二，在日晖港造一座巨大的唧站，其排水能力可达每秒15立方米，以加速沪南地区污水的排泄；第三，修建东西向双行车道和街心花园；此外还包括日晖东路的污水管、开平码头处的中途唧站、直通黄浦江中心的入江管道等工程。[2]

肇嘉浜埋管筑路工程是分期进行的，第一期治理范围为自徐家汇至枫林桥一段，第二期自枫林桥向东至打浦桥段。由于打浦桥段在国民政府时期已经填平，如此一来，肇嘉浜全线将填平筑路，肇嘉浜正式成为历史。1954年7月2日，华东行政委员会同意进行肇嘉浜埋管筑路第一期工程，批示：为了改善该浜两岸的

---

1. 《当代中国》丛书编辑部编：《当代中国的上海》（上），当代中国出版社1993年版，第202页。
2. 《肇嘉浜的变迁》编写组：《肇嘉浜的变迁》，上海人民出版社1976年版，第36页。

东方璀璨
（1949—2019）

36

环境卫生、提高日晖港和黄浦江的水质并加强沪南与市区的交通联系起见，本委会同意进行此项工程。原计划书内对住户的补偿和安置部分，一般与过去华阳路区拆迁办法大致相同，可以同意。华东行政委员会并对拆迁过程提出要求注重保障困难人民的利益，"惟拆迁计划中棚户占绝大多数，对迁建有困难的劳动人民，除按规定标准给予补偿外，并应考虑补助其实际所需的拆工、运费、新建人工及材料拆损等项，不使其因迁建而增加负担。对因拆迁而使生产、生活遭受影响者，尽量协助解决困难或予一定照顾。希在实际执行中吸收以往经验审慎办理"[1]。7月5日，上海市人民政府奉华东行政委员会命令，同意工务局实施该项工程。10月15日，上海市人民政府建设委员会向上海市政府提交报告，鉴于肇嘉浜埋管筑路工程第一期华山路至枫林桥一段的征地迁移工作已经接近完成，申请开展第二期枫林桥至日晖港一段征地迁移工作。

1956年底，肇嘉浜工程胜利完工，一条美丽的林荫大道展现在世人面前。12月26日，新的肇嘉浜路，东起斜徐路，经打浦桥、日晖东路、大木桥、枫林桥等十几个路口，一直向西延伸到徐家汇，与漕溪北路、华山路、衡山路衔接，全长3 000米，宽60米。经过绿化施工，肇嘉浜路两旁绿树成荫，郁郁葱葱，大道中央的街心花园里，百花吐艳，万紫千红。[2]12月29日，作为上

1. 《华东行政委员会（函）(54) 东办财字第859号》，上海市档案馆藏档案，档案号：B1-2-1588。
2. 《肇嘉浜的变迁》编写组：《肇嘉浜的变迁》，上海人民出版社1976年版，第52页。

海工人亲手兴建的第一条林荫大道，肇嘉浜被正式命名为"肇嘉浜路"，安上了第一批路牌。至 1957 年，肇嘉浜全线填平。

填没后的肇嘉浜

2. 跑马厅收回

1946 年 9 月，上海市首届参议会召开。会上有 7 项提案，不约而同地提出禁止赛马、收回跑马厅，改建为公园或体育馆等设施。改变跑马厅功能的呼声一片。新旧政权更替后，上海在意识形态、城市功能、道路名称等很多方面都发生了重大改变，但对于禁止赛马、收回跑马厅的观念与 1949 年以前如出一辙，有着明显的连续性。1950 年 8 月 27 日，上海市军管会正式下令

东方璀璨
（1949—2019）

收回跑马厅土地，南半部辟为人民广场，北半部改建成人民公园。1952年10月1日，公园免费对外开放，陈毅市长亲自题写园名。后因游人拥挤而改为团体游览，但始终保持较高的游人数量。1953年底开始整修和改建公园，次年5月1日重新开放，从1955年元旦起改为售票入园，门票定价为0.05元，这个票价一直延续到1990年5月1日。

建成开放之初的人民公园

3. 第一个工人新村

上海解放后，上海市人民政府十分重视改善市民的居住条件。1951年3月，政府派出工作组到普陀区和杨树浦区调查市民的居住情况，为建造工人住宅选址，最后决定首先兴建上海第一个工人住宅——曹杨新村。第一期工程于1951年9月启动，

1952 年 5 月竣工，共建了两层楼房 48 幢，1 002 户。第一批入住的是沪西地区纺织、五金系统的部分劳动模范和先进工作者。

曹杨新村总体规划占地 94.63 万平方米，第一期工程占地 13.3 万平方米，东到真西铁路线，南到季家库，西到杏堤路，北到俞家弄。总体规划布局尽量结合地形布置，保留原有的浜河水面，增加新村的自然景色。道路沿河规划，房屋沿着道路和河流走向排列，由阶梯形向扇形变换，大都为南向或东南向；部分房屋山墙与道路垂直，部分房屋与道路成斜角，使景色丰富而有节奏；房屋的间距为 10—12 米。以道路划分的街坊面积一般在 2—3 万平方米左右。由市区通入新村的主要道路宽 18 米，车道宽 9 米，两旁人行道各宽 4.5 米。

新村设立各项公共建筑，包括合作社（商店）、邮局、银行和文化馆等，组成新村中心。在新村边缘分设菜场及合作社分销店；小学和幼儿园均匀分布于新村的独立地段，上学步行时间不超过 10 分钟，既不妨碍街坊的安宁，又有足够的活动场所。公共建筑用地占总用地 17.4%，人均 6.3 平方米。住宅与公共建筑分开布置，各自形成独立的街坊。

住宅"以环境宽敞，房屋建筑简单朴素、实用美观、居住不宽不挤，附带建造必需的公共建筑"为原则，按四种类型设计，房屋以二层为主（占 90%），少量三层（占 8%），建筑密度 30%，建筑总面积为 96 824 平方米。住宅设计是符合当时实际情况的。居住面积一般为每人 5 平方米，每户设一大间或一大一小间两种，厨房 3 户合用，能容纳煤球炉及必需品的空间，卫生设备每

建成后的曹杨新村

家有一个简单的抽水马桶，3—4 户合用一个楼梯，6—8 户有一个院子。这样的住宅与棚户简屋相比，工人们非常满意。

第五节　全国支援上海、上海支援全国

不同时期中央对上海城市的功能定位并不完全相同，但从1949 至 1966 年则有一以贯之的原则，即强调上海是全国的上海，中央要从全国的角度定位上海，上海也要从全国的角度考虑自己的发展。当然，由于不同时期国际、国内形势不同，中央对上海的具体要求亦有所不同。这一原则，在最初的提法是"全国支援上海、上海支援全国"，发轫于 1949 年的上海财经会议，开始于解放初期对上海经济困难的解决。

一、"全国一盘棋"

1949 年 7 月，中央成立财政经济委员会，陈云为主任，负责统筹全国解放大军的供应，接收和管理新区的大中城市，恢复经

济。当时新区面临严重的经济困难，突出地表现在巨额赤字和通货膨胀上，特别是在上海等南方城市，除了因为支持解放战争的推进，作战费用巨大；更因为此前国民党政府的统治，工农业生产遭到严重破坏，1949 年夏季又遭遇严重水灾，粮食产量下降。据统计，1949 年粮食产量比抗日战争前下降 25% 左右；工业中生产资料下降 53%，交通运输和国内贸易也遭到严重破坏；加上美蒋反动势力实施经济封锁，经济形势十分险恶。这一年的 7 月 27 日至 8 月 15 日，中央财经会议在上海举行，华东、华中、华北、东北、西北五大区的财经领导干部参加了会议。当时迫切需要解决的是上海等城市的经济困难。陈云提出，要用政治的观点考虑财经问题，要从恢复和发展生产的角度考虑财经问题，要从全局的角度考虑财经问题，要利用经济手段、遵循经济规律解决财经问题。这次会议之所以选择在上海举行，是有特殊意义的。因为"上海是最大的城市，全国的经济中心，稳定上海，恢复上海的经济，对全国关系重大。陈云受命主持中财委后，从东北进关，首先到上海去调查研究财政经济情况，正是出于这样的考虑"[1]。刚刚解放的上海，工商业萧条，物价飞涨。除了刚接管的官僚资本企业转变为国营工业企业迅速复工生产外，全市两万余家私营工厂在六七月间开工的仅为总户数的 30% 左右，许多产品滞销，资金周转迟缓。政府接管的存米仅够全市半个月的供应量，存棉只够纱厂开工一个月，煤炭至多够烧 7 天。美国和国民党军

---

1. 薄一波：《若干重大决策与事件的回顾》，中共中央党史出版社 1991 年版，第 72—73 页。

队于 6 月 23 日又对上海的出海口进行重点封锁，用飞机对长江航线和京沪、沪杭铁路以及市内重点工厂和地区进行轰炸，企图切断运输线，从经济上窒息新生的上海。如此一来，上海问题已不是一座城市的问题，而是新生政权能不能得以巩固与持久的政治问题。正是从这样的政治高度出发，陈云提出克服上海的财政经济困难，需要依靠全国各地的大力支援，而上海经济的迅速恢复，对克服全国的财经困难也会起到有力的推动。陈云从工厂搬家、粮食、棉花、煤炭等物资的运输，工业生产，金融工作等 7 个方面提出具体对策，要求全国各大区共同支持上海，承担分配的粮、棉等各种所需物资的调拨任务。正是从这时起，在全国开始实行了粮、棉等重要物资的统一调拨，东北、华中、四川等地的大米、棉花、煤炭等源源不断运入上海。由于全国各地的支援，上海与全国各地连成了统一的整体，美蒋封锁出海口、窒息上海经济的阴谋被彻底粉碎。到 1949 年底，上海经济形势已趋向好转，上海的工业产品源源不断地运往全国。[1]

就在上海财经会议上，陈云提出："要千方百计打破帝国主义封锁，树立自力更生思想，面向国内，恢复和发展城乡物资交流，把农产品和工业原料从全国各地运进上海，把工业产品从上海运到全国各地，要搞活这个重要的工业城市。为此，向上海调进大米、棉花、煤炭，组织好交通运输，促进生产的恢复和发

---

1. 张文清：《上海财经会议的深远意义和陈云的杰出贡献》,《上海党史研究》1995 年第 3 期。

展。"[1] 这段话确立了此后中央对上海城市功能定位的基调，"打破帝国主义封锁，树立自力更生思想"强调了国际背景，强调了立国基点，强调了上海问题是政治问题、全局问题；"把农产品和工业原料从全国各地运进上海，把工业产品从上海运到全国各地"突出了上海与各地的分工不同与互动关系。这一精神被归纳为"全国支援上海、上海支援全国"的原则与方针。[2] 此后，上海的城市发展、经济建设都是在这一原则与方针下进行的。这一原则与方针，到1950年代后期，被概括为"全国一盘棋"。[3]

二、支援内地、服务全国

上海在完成自身向工商城市转型的同时，积极支援内地建

---

1. 姜华宣等主编：《中国共产党重要会议纪事（1921—2011）》，中央文献出版社2011年版，第257页。
2. 朱佳木等：《陈云》，载中共党史人物研究会编：《中共党史人物传》（第71卷），中央文献出版社2000年版，第73页；杨波：《陈云主持中财委工作的思想与实践》，载唐䜣、高阳主编，《陈云生平研究资料》，中共文献出版社2013年版，第261页。
3. "全国一盘棋"是时任中共上海市委第一书记的柯庆施首先提出来的。"大跃进"运动兴起以后，许多地方不顾先前基础，一哄而上，发展工业，一方面造成资源浪费，一方面与上海争夺资源，影响上海工业生产。1959年2月16日，柯庆施在《红旗》杂志上发表《论"全国一盘棋"》的署名文章，系统而明确地论述了以强调"全国平衡"为方针的一盘棋式的经济发展理念。这一理念得到中央领导的高度肯定。1959年2月20日，国务院副总理邓小平在上海市委工业会议上讲话时，对上海首倡的"全国一盘棋"理念予以高度评价，要求各地都要从一盘棋的角度去发挥积极性。他说："对全局关系最大的，无非是上海、辽宁、黑龙江、天津等地方。而关系全局、牵动全国最大的首先是上海。上海不贯彻'全国一盘棋'，上海的每一个厂、每一个部门考虑问题不是从'全国一盘棋'出发，都要影响全局，而且自己也应付不了。"国家计委主任李富春也积极评价了"全国一盘棋"理念。1959年2月24日，《人民日报》发表题为"全国一盘棋"的社论，号召全国贯彻这一精神。参见谢忠强、李云：《"全国一盘棋"方针的来龙去脉》，《文史月刊》2012年第12期。

设，成为服务全国的区域性中心城市。这一转型同社会主义改造完成后计划经济体制的确立有直接关系。1953 年开始实施的"一五"计划明确提出："上海的建设和改造，必须坚决贯彻党在过渡时期的总路线、总任务，并坚决服从国家关于巩固国防、工业合理布局的要求。对现有企业，一般不作新建和扩建；对城市畸形臃肿的不合理状态，逐步加以紧缩；充分发挥上海工业基地的作用，支援全国重点建设，力争出产品、出资金、出技术、出人才。"[1] 自"一五"计划实施之后的 30 多年间，上海除了上缴全国财政总收入的 1/6 以外，还一直承担着支援国家建设、服务全国的重任。

上海支援全国，主要体现在两个方面：一是支援国家重点项目建设；二是支援国家国防建设。支援国家重点项目建设方面，仅以"一五"计划前后为例：上海在"一五"计划期间为鞍钢协作生产 78 种装备，为长春第一汽车制造厂生产 43 种装备，为玉门油田生产 400 多种机械配件，为佛子岭、梅山、官厅水库等 10 多处水利工程提供 40 套闸门和 100 多台启闭机等，还为外地发展纺织工业制造 156 万枚纱锭的细纱机和 5.9 万多台自动织布机，以及提供造纸、印刷、橡胶、制药、肥皂、牙膏等生产设备共 1 000 多种。上海工业为全国提供的机械配套设备有：电站用汽轮发电机 56 台、26.48 万千瓦，交流发电机 124.06 万千瓦，矿山设备 1.1 万吨，机床 1.89 万台，汽车外胎 49.9 万套。上海输送

---

1. 张文清主编：《上海社会主义建设五十年》，上海人民出版社 1999 年版，第 138 页。

的技术人员 2.9 万余人，技术工人 8.6 万余人。[1]

自 1953 至 1956 年，上海支援外地建设的职工与干部有 21 万人，其中工程技术人员 5 400 多人，技术工人 6.3 万人，代外地培养艺徒 3.6 万人。上海还陆续将 272 家轻纺工厂和一些商店迁往甘肃、河南、安徽等省，促进这些地方的建设。上海为全国市场提供 200 多亿元工业消费品，五年财政收入累计 177.5 亿元，相当于这一时期全国基本建设投资总额的 30%。[2]

此外，"一五"计划期间，上海还为兰州、包头、西安、洛阳、鞍山等新兴城市提供了服务行业、市政工程建设等方面的配套支援。1955 年底，上海市向洛阳搬迁了 18 家服装、照相、洗染、理发和酒菜行业的商店。1956 年之后，上海市成批地动员服务性商店及人员迁往洛阳、兰州、沈阳、鞍山、玉门、乌鲁木齐等新兴城市。据不完全统计，仅当年头 8 个月时间里面，上海全市商业系统共迁出饮食、服务类商店 73 户、从业人员 960 人，另有 3 484 人以个别劳动力的形式输送到其他城市。为了切实支援重点城市服务业建设，上海还特意选择一批经营有特色、影响较大、知名度较高、服务质量优异的老字号商店整体搬迁，如老介纶棉布店、万国药房迁到洛阳，国华照相馆、大光明洗染店、老正兴菜馆迁到鞍山，信大祥绸布店、泰昌百货公司、王荣康西服店、培琪西服店、美高皮鞋店、国联照相馆等迁到兰州，

1. 王敏：《世界之城：上海国际大都市史》，格致出版社 2022 年版，第 138—139 页。
2. 《上海建设》编辑部：《上海建设（1949—1965）》，上海科学技术文献出版社 1989 年版，第 202—203 页。

等等。

上海还利用自身在社会建设方面发展较早、底蕴雄厚的特点，支援重点城市的市政建设。仅据 1955 年 7 月份上海与重点城市服务行业输送协议，上海市输送人员就共 1 847 人（饮食、服务业 1 592 人，文化事业 206 人，其他 49 人），其中向洛阳输送 353 人，西安输送 248 人，宝鸡输送 185 人，兰州输送 1 061人。另外，由上海动员私营商业转移资金 270 万元（服务业方面226 万元，文化事业方面 44 万元），在洛阳新建旅馆一所，浴室两座，电影院一个，投资 45 万元；在西安新建服务企业公司一所，投资 14 万元；在宝鸡新建旅馆一所，电影院一个，投资 21万元；在兰州新建仓库一个，旅馆两所，浴室三座，电影院三个，投资 190 万元。除了仓库和电影院外，其他投资企业内均附设理发、洗染、饮食、服装、照相等服务部门，除经理外的企业人员，根据经济核算的原则全部由上海配备。[3]

三、交通大学西迁

1955 年 4 月，为适应社会主义建设和国防建设的需要，改变旧中国遗留的高等教育布局不合理状况，也为了支持西部社会经济发展，国务院决定将交通大学从上海内迁至西安。1956 年暑期，第一批搬迁工作成功实现，并于当年 9 月开学。这时，鉴于

---

3. 谢忠强：《反哺与责任：解放以来上海支援全国研究》，上海大学博士论文 2014 年，第 87—90 页。

国际形势缓和，国家要加快建设，上海承担的任务很重，上海提出希望交大迁校后，国家帮上海再建一所机电大学。

1957 年，国务院提出一校分设两地的意见，决定交通大学大部分迁西安，新兴专业设在西安，交大的西安部分朝理工大学的方向发展；而留在上海的小部分，包括机电方面的一些专业，也有内地无法发展的造船、运输、起重等专业学科。1959 年 7 月 31 日，国务院正式下发《国务院关于交通大学上海、西安两个部分分别独立成校的批复及教育部的报告》，西安交通大学、上海交通大学由此产生。交通大学西迁事件至此结束。[1]

---

1. 熊月之：《魔都上海的魔力与魔性》，上海辞书出版社 2023 年版，第 303—304 页。

第二章　建设一个新上海

（1956—1966）

1956—1966

1956 至 1966 年是新中国在社会主义道路上艰辛探索的时期。1956 年社会主义三大改造基本完成以后，中国社会的主要矛盾及如何建设新社会，是新中国面临的根本性问题。虽然中国共产党提出过"学习苏联"的口号，但在实践中发现苏联模式与中国国情并不相符。以毛泽东为主要代表的中国共产党人开始了新的探索，希冀能找到一条适合中国国情的社会主义建设道路。第一个重要探索成果是《论十大关系》。[1] 中共八大前后，在毛泽东和党中央领导下，社会主义建设取得了重要发展。其后由于急于求成，遭遇了"大跃进"时期的挫折。经过国民经济调整，党和人民克服严重经济困难，继续前进。

　　为适应上海城市发展需要，1958 年，经上海市申请，由中央政府、华东局与江苏省协调，陆续从江苏省划出十个县，交上海市管辖。境域扩大了，上海持续数年的国民经济调整也取得了明显成效，到"文化大革命"（简称"文革"）爆发前夕，上海城市发展在恢复的基础上得到了较大的提高。顺利完成第三次改组后，上海建成了门类齐全、有综合配套的工业基地，拥有除采掘、采伐之外的国内所有工业生产门类，不少产品已达到当时的国际先进水平，为中国建成独立的工业体系做出了重要贡献。

---

1. 《中华人民共和国简史》编写组：《中华人民共和国简史》，人民出版社、当代中国出版社 2021 年版，第 71 页。

纠正"共产风"和人民公社"左"的错误是上海农业调整的主旋律，由于个人和家庭利益较之前更受到尊重，农民的生产积极性提高了。1965年市郊主要农作物和副食品的产量在持续几年增长的情况下进一步提高，社员的生活得到了改善，也有力地保证了市区居民主副食品，尤其是副食品的供应。

　　交通业中的铁路、公路、内河航运在"文革"之前已经足以承担本市与全国其他地区之间的客货运输任务。民用航空事业进展迅速，1964年3月18日，北京与上海之间的直达航线试飞成功，两地间的飞行时间从约6小时缩短至2小时25分；一个月后，虹桥国际机场第一期工程竣工，上海的第一条国际航线（中国至巴基斯坦）开通。远洋运输方面，1964年4月1日，上海远洋运输公司正式成立，上海从此自主发展、经营国际远洋事业。20世纪60年代上海对外贸易在贸易对象国和出口商品结构上发生了重大的变化：受国家外交政策的影响，与苏联、东欧地区的贸易总量急剧下降，与亚非国家、西欧、加拿大的贸易往来则快速增长；重工业产品如机床、化工原料的出口呈增加态势，反映了上海工业的实力。

　　在对内贸易方面，上海已然成为面向全国的商品流通中心。各类沪产工业品源源不断地调往外省市，支援当地的建设、服务当地的民生。同时，外省市的煤炭、石油、矿产品、农副产品等大量调进本市，为生产建设与城市的正常运转提供原料和动力，为城市居民提供粮食和副食品。由于内贸和市内商业流通领域的调整收效显著，1965年的上海市场供应充足，物价稳中有降。许多凭票证供应的物资恢复向市民敞开销售，一些高价商品转为平价，一些久已绝迹的南北货等重新出现在菜场和店头，供广大顾客选购。1966 年 1 月 20 日傍晚，大多数上海家庭享受了一顿比几年前丰盛得多的年夜饭，这是经济调整给人们带来的恩惠。人们期望生活会越变越好，但半年后爆发的"文革"使经济再次受到了严重影响。[1]

---

1. 熊月之、周武主编：《上海：一座现代化都市的编年史》，上海书店出版社 2009 年版，第 542—543 页。

第一节 上海工业建设新思路

经过第一个五年计划前半期的发展，内地的工业建设蒸蒸日上，但沿海老工业基地却因投入不足和政策限制而普遍陷入发展困境。1953 至 1955 年，除辽宁外，国家对沿海 6 个省和 2 个市的投资仅占全国投资总额的 18.9%，导致 1955 年沿海地区的工业增长速度仅为 4.5%，远远落后于全国的平均水平。由于持续贯彻"积极改造，逐步紧缩"的政策，1955 年上海市工业投资额只相当于年折旧费用的 76%，建设资金捉襟见肘，当年全市工业生产总值 91.42 亿元，比 1954 年下降 4.95 亿元。上海等沿海地区的工业发展所呈现的颓势，引起了中央的重视。[1] 1955 年下半年开始，国际环境趋于缓和，爆发大规模世界大战的可能性下降，国内政治形势也趋于稳定，经济建设逐步展开。在趋好的国际国内形势下，如何利用和发展上海等沿海工业基地就成为中共中央需要考虑的一个重要问题。

一、《论十大关系》出台和确定上海发展道路

1956 年对于上海来说，是一个分外关键的年份。这时的国际形势发生了重大变化，中央对上海城市定位有了重要调整。还在 1954 年，经苏联提议，苏联、美国、法国、英国与中国代表，

---

1. 熊月之总主编，王健主编：《上海通史·第 14 卷·社会主义建设全面展开时期（1957—1966）》，上海辞书出版社 2021 年版，第 4 页。

以及相关国家的代表，在瑞士日内瓦讨论朝鲜问题和印度支那问题。会议通过《日内瓦会议最后宣言》，实现了印度支那的停战。这是中华人民共和国首次以五大国之一的地位和身份参加国际问题讨论。会议期间，中美双方举行了四次会谈。这次会议实现了印度支那的和平，确保了中国南部边境地区的相对稳定，明显改善了中英关系，也架起了中美沟通的桥梁。此后，尽管中国东南沿海战争阴云没有完全散去，但毕竟较先前有所缓和。毛泽东高瞻远瞩，敏锐地察觉到新的侵华战争和新的世界大战在短期内打不起来，世界可能会出现一段和平时期，于是，他及时调整了中央对上海的定位，认为先前中央关于"上海地区不作大的扩建还值得考虑"[1]。针对有些人思想有顾虑，害怕打仗，不敢在沿海搞工业建设，毛泽东批评说：好像原子弹已经在三千公尺上空了，"不要说三千公尺上空没有原子弹，就是一万公尺上空也没有原子弹"[2]。为了充分利用国际形势给我国沿海发展提供的这一历史机遇，毛泽东在《论十大关系》中明确指出："不说十年，就算五年，我们也应当在沿海好好地办四年的工业，等第五年打起来再搬家。"[3]

从 1955 年底到 1956 年初，毛泽东沿京汉、粤汉、沪杭、沪宁和津浦线外出调查，途中召集途经地区的省委、市委、地委负

---

1. 中共上海市委党史研究室：《毛泽东在上海》，中共党史出版社 1993 年版，第 4 页。
2. 中共上海市委党史研究室：《毛泽东在上海》，中共党史出版社 1993 年版，第 4 页。
3. 中共中央文献编辑委员会编：《毛泽东著作选读》下册，人民出版社 1986 年版，第 723 页。

责人以及专家学者进行座谈。与此同时，党和国家主要领导人在中南海听取了国务院 34 个部门和重要厂矿企业、工业基地的工作汇报。其间，毛泽东与各部门负责人多次交换意见，多次提到上海等沿海地区的发展前景问题。1955 年 11 月 5 日，毛泽东在视察上海港口时指出：上海是我国的第一大港，又是一个国际港口，是一个有发展前途的港口，一定要把它管好。翌年 1 月 10日，毛泽东到公私合营申新九厂作调查研究时说：苏联取得政权以后，一个命令就把资本家的财产没收为国有，而中国不硬性地把苏联一套搬过来，采取逐步改造的办法，这是根据中国的情况来定的。他还说，工厂公私合营后我们怎么办？就是要发挥大家的积极性，共同把工厂管理好。[1] 4 月 25 日和 5 月 2 日，毛泽东先后在中央政治局扩大会议和最高国务会议上作了《论十大关系》的报告，提出了当前国家和社会中必须处理好的十大关系，其中重工业和轻工业农业的关系、沿海工业和内地工业的关系、经济建设和国防建设的关系都与上海的发展道路息息相关。《论十大关系》重新定义了沿海发展与内地建设的关系，为解决上海市面临的各种问题，促进上海市工业的进一步发展带来了巨大转机。1956 年 5 月 3 日，毛泽东派国务院副总理陈云到上海，传达了"上海有前途的，要发展"[2] 的指示，正式提出了发展上海的战略思想。

---

1. 中共上海市委党史研究室编：《上海社会主义建设五十年》，上海人民出版社 1999 年版，第 158 页。
2. 中共上海市委党史研究室编：《毛泽东在上海》，中共党史出版社 1993 年版，第 5 页。

为贯彻中央的指示精神，更好地领导上海的工业建设，中共上海市委召开了一系列会议，分析上海市工业的特点和问题，讨论和制定上海工业建设的指导方针。1956 年 8 月，上海市第一届人民代表大会第四次会议听取并讨论了中共上海市委第一书记柯庆施《调动一切力量，积极发挥上海工业的作用，为加速国家的社会主义建设而斗争》的报告，通过了《关于"充分利用、合理发展"上海工业的方针的决议》，正式提出"充分利用上海工业潜力，合理地发展上海工业"这一工业建设方针。[1]

二、整风运动与反右运动

按照上海市人大一届四次会议的决议，上海完成了第一次工业改造，并通过开展社会主义劳动竞赛、发展完善技术教育、建设新兴工业区等，使上海工业建设迅速扭转颓势，提前和超额完成了"一五"计划的目标。1956 年 9 月，《上海市 1956—1967 年近期规划草案》出台，提出开辟工业备用地。1957 年 6 月，上海市人民委员会（简称"上海市人委"）确定在桃浦、彭浦和漕河泾分别建设化学、机电和仪表三个工业区，占地面积约 6 平方千米。到"一五"计划结束时，在桃浦、漕河泾、彭浦、周家渡、庆宁寺、吴淞、北新泾、五角场、长桥、高桥等地形成了一批近郊工业区及工业区雏形。在中央和上海地方的共同努力下，"充

---

1. 熊月之总主编，王健主编：《上海通史·第 14 卷·社会主义建设全面展开时期（1957—1966）》，上海辞书出版社 2021 年版，第 15 页。

分利用，合理发展"方针对上海工业的发展起到了积极的影响。1956年上海市工业总产值比上年增长34.3%，高于全国28.2%的增长速度，扭转了上海工业生产在"一五"计划前三年增速低于全国且在1955年出现下降的局面。1957年，上海市工业建设投资额从上一年度的2.67亿元增长到3.71亿元，工业总产值从1955年的95.24亿元增长到134.15亿元。[1]

　　1957年春天，针对党内的官僚主义、宗派主义、主观主义和特权思想，中共中央决定开展整风运动，发动基层群众帮助党员整风。4月27日，中共中央发出《关于整风运动的指示》，发动党内外对党提出批评建议。毛泽东指出，希望通过整风运动，"造成一个又有集中又有民主，又有纪律又有自由，又有统一意志、又有个人心情舒畅、生动活泼，那样一种政治局面"[2]，这段话在中国社会广泛传播，成为当时党中央追求社会主义社会理想政治氛围的一种形象生动的表述。

　　整风运动中，中共中央发现有极少数资产阶级右派乘机向共产党和社会主义制度进攻。1957年6月8日，中共中央发出反击右派分子猖狂进攻的指示，反右运动正式拉开帷幕，直至1958年夏天基本结束。这是一场被严重扩大化的运动，全国共处理了55万名右派，上海处理了2.8万人，其中定为右派的知识分

1. 上海市统计局编：《新上海工业统计资料（1949—1990）》，中国统计出版社1992年版，第71页。
2. 毛泽东：《一九五七年夏季的形势》(1957年7月)，中共中央文献研究室编：《建国以来重要文献选编》第10册，中央文献出版社1994年版，第485页。

子 1.63 万人，工人、营业员、民警中因中央规定不划右派而被定为反党反社会主义分子的 4 543 人，戴帽的四类分子（地主分子、富农分子、反革命分子、坏分子）1 154 人，虽不戴帽但受党纪、行政处分和开除公职的有 6 031 人。[1] 上海是知识分子集中的地方，受到中央密切关注。《文汇报》因积极刊登知识分子的鸣放文章，受到了毛泽东的严厉批判。右派分子在当时所定的性质是：反共反人民反社会主义的资产阶级反动派，这是极为沉重的政治大帽子。戴了"反动派"帽子的人，还有比上述数字大得多的右派亲属，在往后的岁月里为此吃足了苦头。这一运动将大量人民内部矛盾当作敌我矛盾处理，误伤了很多好同志、好干部和同中共长期合作的朋友，造成了极为不幸的后果。1978 年，中央组织部门对被划为右派分子的人进行复查，上海一地的改正率为 99%。

第二节 "大跃进"与人民公社化

反右运动以后，中共中央认为经济战线、政治战线和思想战线上的社会主义革命已经取得了决定性胜利，人民群众热情高涨，经济建设可以加快速度进行。在"一五"计划的顺利完成和当时社会主义阵营建设高潮的影响下，也由于缺乏经验和急于求成情绪的大量滋生，最终"大跃进"运动发生。

---

1. 熊月之主编：《上海通史·第 11 卷·当代政治》，上海人民出版社 1999 年版，第 155 页。

一、"大跃进"中的上海指标

"大跃进"运动首先从农业拉开序幕。1957年10月，中共中央公布《一九五六年到一九六七年全国农业发展纲要（修正草案）》，要求12年内基本上消灭普通的水灾和旱灾，黄河以北、黄河以南、淮河以北、淮河以南的粮食年均亩产分别达到400斤、500斤、800斤。10月27日，《人民日报》社论号召"实现一个巨大的跃进"。1957年，全国粮食产量达到创历史最高纪录的3 901亿斤。受农业战线的激励，1958年5月后，"大跃进"运动开始向工业，特别是钢铁工业扩展。8月，中共中央召开北戴河扩大会议，正式决定1958年钢产量要比1957年翻一番，达到1 070万吨，各级党委领导亲临一线，各地采取小高炉、土法上马、群众运动等手段，掀起全民大炼钢铁的群众运动。1958年，全国钢产量达到1 108万吨，但合格的只有800万吨，其余都是不能直接使用的土钢。与此同时，"大跃进"运动从经济领域进一步扩大到科技、文教、卫生等各个行业，形成全社会的热潮。[1]

1958年5月，中共八大二次会议提出并通过"鼓足干劲、力争上游、多快好省地建设社会主义"的总路线，通过了15年赶上和超过英国的目标，要求广大干部破除迷信、解放思想，发扬敢想、敢说、敢干的精神。全国随即开展"大跃进"和

---

1. 《中华人民共和国简史》编写组：《中华人民共和国简史》，人民出版社、当代中国出版社2021年版，第81—82页。

人民公社化运动。中央对上海工业生产的要求也一再增加。在此情况下，上海生产指标经多次加码、计划经反复修订，确定1958年上海工业生产总值计划为153.93亿元，比1957年增长35%。这显然是不切实际的高指标。与此相适应，当年钢产量计划比上年增长1.3倍，超过全国钢产量翻一番的计划。于是，"拔白旗、插红旗""干劲无穷尽，上游无止境，多快好省没有底""以钢为纲""赶超英国"等口号都出来了。除了工厂，商店、机关、学校、银行、医院也建起了土炉。许多单位、居民将房上的铁门、钢窗、家里的铁锅都拿来炼钢。热情固然可嘉，后果却极为冷峻。经财政部核算，土法炼钢成本太高，全国平均成本在每吨250—300元之间，而生铁调拨价只有150元，单1958年一年，财政部在钢铁方面就要补贴亏损15亿元。更严重的是，大量土法炼出来的钢铁，质量低劣，根本不能使用。中央在1958年11月开始发现问题，压缩下一年的钢铁生产指标，但仍然要求继续"大跃进"。

二、人民公社化的后果

上海最早的人民公社是1958年9月21日成立的七一人民公社，由莘庄、虹桥、朱行等6乡1镇合并而成，到10月1日，上海郊区全部实现了公社化。人民公社成立以后，首先是制定和落实大跃进的高产指标，各公社普遍提出高指标，如小麦亩产3 000市斤，水稻亩产5 000市斤，马桥乡对一块水稻试验田竟提出亩产18万市斤的指标。随后就是"瞎指挥""浮夸风""共产风"，具体表现为：深耕过度，把熟土翻成生土；密植过度，造成作物透风不良、光照不足；马桥乡为了放"高产卫星"，把20亩即将孕穗的水稻集中移栽到1亩水田中，结果颗粒无收；吃饭不要钱，免费读书、免费治病、免费理发，等等。

在"大跃进"期间，国家计划体制有所变动，按"统一计划、分级管理"原则，实行在中央集中统一领导下的、以地区综合平衡为基础的专业部和地区相结合的双轨计划体制，实行指令性和指导性两类计划指标，必成数和期成数两本账，允许地方在完成国家计划任务的条件下，对本地区的经济指标可进行调整和安排，搞第二本账。上海在编制1958年计划时，采用三本账：一为全国必成计划，二为全国期成计划，三为地方期成计划。在此体制下，地方的计划权限相应有所扩大。中央各部在沪直属企业一度大部分下放给地方管理，国家统配物资也由532种减少到132种。市场物价管理权限也下放地方，商业、银行、劳动、教育和财税等管理权也向地方下放。但由于下放过急过快，一度带来某些混乱，不久，中央配合调整任务对体制又进行了变革，主要强调集中统一，中央又逐步收回原来下放给地方的权力，实行"条块结合、条条为主"的计划管理体制。[1]

"大跃进"运动与人民公社化的结果，使上海的国民经济比例关系严重失调，基本建设规模过大，市场商品供应异常紧

---

1. 上海市发展计划委员会《上海计划志》编纂委员会编：《上海计划志·概述》，上海社会科学院出版社2001年版。

东方璀璨

缺，挫伤了人民劳动积极性，给人民生活造成很大困难。1960年起，上海进入经济困难时期，食品供应、青年就业都成了问题。

三、调整措施与"四清"运动

1961年1月，中共中央召开八届九中全会，决定纠正"大跃进"错误，对国民经济实行"调整、巩固、充实、提高"的八字方针。据此，上海确定了自己的调整措施：缩短重工业战线，压缩基本建设规模，减少职工和城镇人口，加强轻工业战线，积极支援农业生产，保障市场稳定，并在商业、文化教育等方面相应地进行调整，同时对农村人民公社进行整顿，制止"瞎指挥""浮夸风""共产风"，停办公共食堂，废除吃饭不要钱，划小社队规模，以生产队为基本核算单位，恢复社员家庭副业、自留地和农村集市贸易。

之后，上海全面进入调整阶段，实行"先抓吃穿用，实现农轻重，搞好综合平衡"政策，确定了1962年着重做好调整工业战线、减少城市人口、支援农业生产、改善市场供应等六项工作。1962年10月，中共上海市委扩大会议通过了《关于当前工作的要点》，提出了以生产为中心、做好调整工作的决定，同时采取一系列富有成效的调整措施：缩短重工业战线，增加支援农业的产品和维修配件生产，增加市场需要的日用工业品的生产；根据消耗少、成本低、质量好、品种多、劳动生产率高的要求和今后生产任务的安排，关停一部分工厂；全面缩短基本建设战线；财政方面加强资金管理，压缩财政开支和集团购买力，控制信贷的投放；继续精简职工和城市人口，支援农业生产，压缩城镇粮食销量，减少国家工资支出等。[1] 经过调整，1963 年以后，上海的工农业情况已经好转，到 1965 年完成调整任务。

"四清"，即清政治、清经济、清组织、清思想，是城乡社会主义教育运动的简称。在 1962 年 9 月召开的中共八届十中全会上，毛泽东提出在整个社会主义历史阶段，阶级斗争要年年讲、月月讲、天天讲，并提出要进行社会主义教育。1963 年，中央决定在农村普遍进行一次社会主义教育运动，在城市开展"五反"运动，即反对贪污盗窃、反对投机倒把、反对铺张浪费、反对分散主义和反对官僚主义。1964 年，中央制定了《农村社会主义教育运动中目前提出的一些问题》，又被称为"二十三条"，"四清"运动全面铺开。

按照中央的规定，1963 年，上海在党、政、军系统和国营、合作社营企事业单位开展"五反"运动，同时在农村社队进行"四清"试点。1964 至 1966 年初，分批派工作队到郊县和城市有关单位领导"四清"，搞阶级斗争。"四清"运动对于解决干部作风和经济管理方面的问题起了一定的作用，揭露了一些人贪污盗窃、投机倒把的问题，但运动中发生过不同程度的失误，或斗争面过宽，或违反政策，伤害了一些干部和群众。

---

1. 杨公朴、夏大慰主编：《上海工业发展报告——五十年历程》，上海财经大学出版社2001 年版，第 43 页。

第三节　十县划入与城市人口控制

1956 至 1965 年间，上海市经历了两次行政区划调整。第一次是在 1958 年，江苏省十县划归上海市管辖，上海市辖区域面积扩展近十倍；第二次是在 1961 年，浙江省嵊泗人民公社划入上海市，但由于国防的需要，1962 年 4 月嵊泗地区又划出上海市，重新划归浙江省。这两次行政区划调整，对上海城市发展影响深远。

一、江苏省十县划归上海[1]

上海解放以后，江苏和上海的行政区划一直发生着变动。1949 年 7 月，苏南行政区嘉定县诸翟镇西半部划入上海市；1949 年 10 月，松江县的莘庄镇、青浦县的七宝镇划归上海；1950 年 7 月，江苏省川沙县高行镇的一半划入上海市；嘉定、青浦两县之间，诸翟镇以西的 8 个旧保划归上海，川沙县高行划入上海；1954 年 2 月，嘉定县新杨乡的洛杨、沙朱、黄家、宗家、张家、张仙、陈店等 7 个选区，田杜乡的华家、棚桥、南庄、居陆、新屋、刘家、虬江等 7 个选区，马桥乡的孟家、陈家、朱巷、杨树园、马桥、李家等 6 个选区划归上海；1955 年，又将嘉定县的 16.2 平方千米划归上海。

---

1. 本目参见范静思主编：《上海民政志》，上海社会科学院出版社 2000 年；贾璐阳：《空间重构与功能重塑：1958 年江苏省十县划入上海市及其对上海城市发展的影响》，上海社会科学院硕士论文，2016 年。

1956 年，上海市就开始酝酿将江苏省十县划归上海。6 月底，中共中央原则同意将江苏省的松江等十个县划归上海市领导。邓小平则特别强调，这个问题必须在上海市和江苏省党内外经过充分的协商之后，才作最后确定。

1957 年，鉴于发展工业基地、解决交通运输、配合国防建设以及适应城市副食品供应和其他农业生产的需要，上海重提扩展郊区的问题。1958 年 5 月，在"大跃进"计划的鼓动下，上海工业进入快速发展阶段。工业的大规模扩大，使上海原本就不太充裕的土地更显局促，建立新的工业区并扩大城市规模已经成为这一时期上海发展的首要之务。另一方面，根据党中央制定的城市郊区供应城市农副产品的政策，上海亟须扩大郊区面积，用以增加农副产品的供应量，进而解决上海农副产品供应紧张的难题。

1958 年，经上海市申请，由中央政府、华东局与江苏省协调，陆续从江苏省划出十个县，交上海市管辖。1958 年 1 月 17 日，国务院正式批准将宝山、嘉定、上海三县从江苏省划入上海市，这对上海市的整体规划、工业新区与卫星城建设以及改善农副食品供应状况意义重大。三县划入后，拓展了工业发展空间，对于上海市的未来发展极为有利。与此同时，三县划入并不能满足上海市农副食品供应的巨大缺口，中共上海市委认为必须再次扩大郊区，向中央提出划区申请。经与江苏省协商，是年 11 月 21 日，批准将江苏省的川沙、南汇、奉贤、松江、金山与青浦划入上海；12 月 1 日，批准将江苏省崇明县划归上海。十县划入后，上海市辖域面积从由 1949 年的 618 平方千米扩大到 6 185 平方千米，上海市共辖黄浦、邑庙、蓬莱、卢湾、徐汇、长宁、普陀、闸北、新成、江宁、虹口、提篮桥、榆林、杨浦等 14 个区，浦东、松江、上海、川沙、南汇、奉贤、金山、青浦、嘉定、宝山、崇明等 11 个县，其中市区面积 144.8 平方千米，新增郊区面积 5 567 平方千米。这使上海有了较大发展空间，为上海工业基地和科学技术基地的建设、农副食品供应基地的建设、人口疏散等方面，提供了较为充足的空间。上海境域这次扩展，奠定了日后上海城市地理空间框架，在上海城市发展史上具有至关重要的意义。

首先，有助于疏散人口，解决上海市区人口密度过大的问题。上海市，尤其市区，较大的人口规模一直是制约上海城市发展的主要原因之一。中华人民共和国成立初期，中央就提出疏散大城市人口的政策，但上海苦于无处疏散而执行效果不佳，市区人口密度从 1949 年的每平方千米 50 842 人增长到 1957 年的每平方千米 52 323 人。江苏省十县的划入，拓展了上海的辖域，有助于解决市区的人口"包袱"，截至 1965 年，上海市市区人口密度降为每平方千米 45 653 人。其次，为上海市调整工业布局，建设工业区、卫星城提供空间。早在 20 世纪 50 年代初，考虑到上海日后工业区、卫星城的规划建设，华东行政委员会曾一度建议将当时隶属江苏省松江专署上海县的闵行镇划归上海市，作为上海日后工业卫星城。1958 年江苏省十县划入后，上海市政府于 1959 年 10 月制定了《关于上海城市总体规划的初步意见》，提出"压缩旧市区，控制近郊工业区，大力发展卫星城；工业要向高级、精密、尖端方向发展"等工业发展方针，奠定了未来上海工业发展的格局和方向。再次，江苏省十县划入上海，为上海市城市规划、市政建设提供了空间。上海市作为最大的工业城市，不仅是国家财政收入的支柱，还肩负着支援全国的任务，而上海自身的城市规划、市政建设并没有得到相应的考虑和发展，城市建设欠账无数。境域扩大后，上海的基础设施建设、城市功能分区、环境整治、景观改造等都有了重新规划布局的余地，跨江隧道、干道系统、住宅区新建和改建、苏州河治理等对上海未来发展意义深远的项目也逐步提上日程。[1]

二、嵊泗列岛的划入与划出

嵊泗的辖域主体——嵊泗列岛不仅是沪杭甬地区的国防重地，也是进出长江口的交通要道，还蕴藏着丰富的渔业资源，拥有建设深水良港的天然条件。从地理距离上来看，由于嵊泗西端主岛泗礁岛距离浙江省舟山市的定海区、宁波市的镇海区70多海里，而距离上海市的芦潮港仅31海里，因此，自近代以来，嵊泗所需的粮食、日用品等物资大部分靠上海供应。

1959年6月，上海市召开了全国大中城市副食品和手工业品生产会议。在副食品生产方面，会议提出，大中城市也应当执行"自力更生为主，力争外援为辅"的方针。上海市提出"有必要

1. 熊月之总主编，王健主编：《上海通史·第14卷·社会主义建设全面展开时期（1957—1966）》，上海辞书出版社2021年版，第206页。

建立一个海洋渔业捕捞生产的基地"，以确保本市水产品供应基本自给，"拟将嵊泗列岛划归本市领导"。在征得国务院和浙江省同意后，1960 年 12 月 26 日《中共上海市委关于嵊泗人民公社划归上海市领导后的领导关系的通知》发布，正式宣布"嵊泗人民公社自一九六一年一月一日起，从浙江省划归上海市领导"。对嵊泗而言，划归上海实现了其经济区划和行政区划的统一，便利了计划经济时期上海市对嵊泗物资的调拨；对上海市而言，嵊泗的划入不仅令上海拥有了较为稳定的渔副产品供应基地，也进一步拓展了上海市的发展空间。上海市对嵊泗的建设极为重视，划入后不久就在基本建设、生产建设、改善文化教育事业和加强防汛救灾等方面投入了大量的资金和人力。

1962 年初，台海局势发生变化，中央开始重新考虑嵊泗的行政区划问题，邓小平指示"把舟嵊地区地方工作统一起来归浙江省"，"舟嵊地区要军事、政治、经济都统一起来"。[1] 在此背景下，1962 年 4 月，浙江省人民委员会向中央提出重新将嵊泗划入的要求，经国务院批复同意。4 月 23 日，中共上海市委宣布"上海市所属嵊泗公社划归浙江省，即日起开始交接，4 月底前交接完毕。1962 年 5 月 1 日起由浙江省领导"[2]。嵊泗的划出对上海市的发展带来了一定的负面影响，此后很长一段时间，上海市的渔副产品

---

1. 陈雨信：《小平同志与舟山》，舟山市政协文史和学习委员会、舟山晚报编：《舟山文史资料》(第 7 辑·文史天地)，北京文津出版社 2001 年版，第 89—90 页。
2. 王健、贾璐阳：《浙江嵊泗行政隶属关系调整及对上海城市发展的影响》，《当代中国史研究》2014 年第 6 期。

供应问题都没有得到有效解决。

三、单位制与街居制的形成

1949 至 1957 年的 8 年间，单位制和街居制逐步形成，上海也成为"组织之上海"。单位与街道、居委会制度在接下来的 20 年内得到巩固和强化，当代上海城市的基础管理模式也就建立起来，并逐步将城市社会全面单位化，单一化的基层社会调控体系也随之最终确立。

1950 年，全上海 500 万人口中在业者 206 万余人，占总人口的 40%，其余近 300 万人口包括失业、无业人员以及家庭妇女、老人、孩子等。全市非在业人口最多时，几近总人口的三分之二；而在业的人当中约有一半并不在国有或集体单位，因此，非单位人的比例其实更高。从 1949 至 1962 年的数据看，上海非单位人的数量始终超过单位人，占城市人口的三分之二左右。非单位人群以居住场所为主要社会活动空间，其主体包括城市中的非在业人口和无单位归属的在业人口。据统计，1953 年，上海市非单位人口在城市中占到 60%，1957 年里弄中的非单位人群体数仍然很庞大。"大跃进"之前，除去工厂、企业、机关、学校等部门的职工，在校学生和已经合作化的手工业者、摊贩外，尚有 16 岁以上里弄居民 148 万多人，妇女占其中的 85%，还有一部分是尚未归口管理的个体劳动者和自由职业者。

"大跃进"开始之后，单位体制以外的城市就业人口很快所剩无几。人民公社化运动席卷全国的两年中，上海街道里弄建立了大量的生产组织、生活服务组、公共食堂、托儿所、小学、文化站、图书馆、卫生站等集体组织，将大多数非单位人组织起来。

1960年3月24日和27日，中共上海市委发布《关于积极准备条件，建立城市人民公社的规划》等文件，对运动作出具体规划。根据要求，上海在老市区内实行以区为单位建立城市人民公社，街道办事处撤销，居民委员会被改组为里弄委员会，类似成了人民公社的分社，安排分配里弄成员的生产事宜和生活福利。三个月后，全市街道里弄组织已将超过70%的劳动力组织起来。非单位人的福利通过人民公社运动得到进一步实现，这个做法得到中央的肯定。

随着单位体制的不断深入，上海社区单位化与单位社会化进一步强化，单位社区在20世纪六七十年代达到成熟期，整个社会几乎被彻底单位化，城市社区也主要表现为单位社区。单位与居委会共同构成了上海管理和控制的基本模式，其运作都是以工作单位作为城市基本单元组织起来的，在城市居民生活方面，单位常常是主导的因素。社区建设既是城市发展的继续，也是市民现代化的继续。[1]

四、户籍管理与人口控制

上海解放后，户政接管初期，上海对户口控制不严，外来人

---

1. 熊月之总主编，王健主编：《上海通史·第14卷·社会主义建设全面展开时期（1957—1966）》，上海辞书出版社2021年版，第254—255页。

口和城市新生人口较容易获得上海户籍。1956年，上海自然增长人口30万，生育率高达千分之四十；外地流入人口有82万。从1956年6月到1957年10月，上海常住人口从602万增加到686万，临时人口从6万多人增加到34万。1957年，因国家准许在城市工作的职工将外地亲属接到城市共同生活，此后，上海每年都有大量职工家属从外省市迁入。1959年，以探亲访友名义来到上海的外地人口共计194 984人，占在沪临时人口总数293 953人的66%。据统计，1959年，上海市因投靠而迁入的职工直系亲属共计38 319人，占迁入总数160 497人的24%。直到1965年，上海每年因投亲靠友而迁入者仍在1万人以上。[1]

人口流入的同时，亦有不少人因为各种原因离开上海。1953年第一个五年计划开始实施后，分布在全国的156项重点工程亟需大量技术人才。上海为此组织了大规模的志愿活动，到1956年，共输送职工21万人，截至1959年，迁出人口支援型的移民共有150万人之多，其中有大量的熟练技工和高级技师。上海为支援外地建设，1950至1957年共迁出43.52万人，1958至1965年共迁出23.86万人。[2]

1955年，上海的人口紧缩计划在全国率先执行。次年3月29日，上海市人口办公室下发《一九五六年动员农民回乡生产的工作计划》，计划本年度继续动员20万人回乡生产。1955至

---

1. 上海市统计局编：《1958年人口变动情况统计表》，上海市档案馆藏，档案号：B31-2-1195。

2. 胡焕庸：《中国人口·上海分册》，中国财政经济出版社1987年版，第142页。

1957 年，上海市全市共计有 120 万人次被动员回乡，对压缩上海城市人口规模起到了重要作用。1958 年，上海市人口办公室动员剩余劳动力支援农业建设的规模达 324 735 人。1959 年第二季度，上海市开展突击性的动员农村劳动力回乡生产运动，国庆节前后进一步加强收容遣送流浪街头和流散小船上的外来人口回乡生产，至 10 月底共遣送了 30 万人回乡生产。

1960 年后，由于国家制定了严格的人口紧缩政策，不仅上海的临时工被动员回乡，甚至已来上海多年的职工家属也被大量动员。1960 年以探亲访友名义来到上海的临时人口下降至 85 729 人，比上一年减少了 56%。1961 至 1963 年，上海将社会上的闲散人口和无固定工作人口计 6 000 户共 2.6 万人迁往安徽农村，动员外来人口和城市剩余劳动力回乡生产。

为输出上海的剩余劳动力，上海进行全民总动员，使"上山下乡""支援新农村建设"成为群众的行动口号，号召等待就业的城市知识青年上山下乡，赴外地参加社会主义建设。1955 至 1963 年，上海市共有 20 万左右的知识青年响应号召，奔赴边远地区参加社会主义建设。1962 年后，城市青年上山下乡成为国家计划的一部分。1963 至 1966 年上半年，上海市面向社会动员到新疆生产建设兵团屯垦戍边的知识青年和应届中学毕业生共有 9.7 万名。[1]

针对大量外来人口和流动人口的粮食问题，1955 年，上海制

---

1. 熊月之总主编，王健主编：《上海通史·第 14 卷·社会主义建设全面展开时期（1957—1966）》，上海辞书出版社 2021 年版，第 259—261 页。

定了《关于临时人口口粮供应暂行办法》，那些私自流入上海没有报入户口者不予供应口粮。1956 年以后进一步规定，持有临时户口者，除非带有全国通用粮票，一般不给予供应粮食。1960 年 9 月起，上海市制定并实施饮食业凭票供应的办法，进一步减少了城市中无户口的外来人口。1958 年上海市区暂住人口共计 38 万人，到 1962 年暂住人口下降至 10 万人。[1]

1963 年 3 月，国务院发出《关于严格管理大中城市集市贸易和坚决打击投机倒把的指示》，上海采取有力措施取缔非法粮食交易。到 1965 年，上海市区仅保留 17 个市区边缘集市，交易额下降，统购物资基本上没有上市。户籍与粮油供应挂钩，统购物资不得上市，非法交易全面取缔，外来人口即便流入上海，也势必难以长期生存。这些举措严格限制了外来人口流入上海。

物资之外，同样紧缩的还有户籍。1956 年底，中共中央和国务院发出《关于防止农村人口盲目外流的指示》，上海市的户口管理也渐趋收紧。1958 年，上海市人民委员会规定，需要报上海市常住户口的，必须经过上海市有关用人部门的同意迁入和迁出地户口正式迁出证明，且经公安机关审查合格。[2]1958 年初，城镇适龄劳动人口激增，国务院颁布了《中华人民共和国户口登记条例》，核心内容是限制人口迁移，标志着中国城乡二元户籍管

---

1. 《上海市第三个五年计划期间减少城镇人口工作的初步规划（草案）》（1963 年），上海市档案馆藏，档案号：A69-2-165。
2. 《上海市人民委员会关于进一步贯彻"处理和防止外地人口流入本市的办法"的指示》（1957 年 8 月 2 日），上海市档案馆藏，档案号：B1-2-2041。

理制度的正式建立。由于"大跃进"造成城市人口急剧膨胀，中央发现问题后颁布了一系列加强户口管理和限制人口迁入大城市的法令，强化了城乡二元户籍管理体制。据统计，至 1965 年，上海市区来自农村的自流人口仅 1 125 人。[1] 这种城乡二元户籍制度，限制了劳动力在农村和城市之间的流动，抑制了社会发展的活力。

第四节　十年的建设成就

第一个五年计划完成后，在中国共产党的领导下，在全国各地的大力支持下，充分利用原有基础，上海进行了规模巨大的经济建设和城市建设，奋发图强，曲折前进，取得了显著成就，其中既有成功的经验，也有值得记取的教训。

一、大力发展重工业和建设卫星城镇

1958 到 1960 年，上海在全国"大跃进"形势下，大力发展重工业，以钢为纲，掀起了大规模工业建设热潮。"大办钢铁"运动中，新建了上钢五厂、矽钢片厂、铁合金厂等大型冶金企业，改建和扩建了上钢一厂、二厂、三厂、十厂等 25 个钢铁厂，新增炼钢能力 281 万吨，发展了钢和钢材品种，使上海钢铁生产

---

1. 《上海市公安局关于 1965 年人口年报统计资料汇编》（1966 年 2 月），上海市档案馆藏，档案号：B31-2-1229。

飞跃增长，成为全国性的产量大、质量高、品种多的重要冶金基地。在建设中，创造了两个月就建成上钢五厂转炉车间的快速施工经验。加快化学工业建设，主要开辟了吴泾、吴淞、高桥、桃浦四个化工基地，发展了石油化工、煤化工生产，增产了硫酸、染料和药品等，促进了化学工业的发展。机电工业建设以闵行为基地，重点发展发电机组制造企业；以彭浦为基地，重点发展工程机械和冶金、矿山设备制造企业；以安亭为基地，重点发展汽车制造和勘探设备制造企业。通过建设，改善了机电工业布局，形成大、中、小企业相结合，协作配套齐全的上海机械工业体系。电力工业建设中，新建、改建了电厂，新增了发电能力56万千瓦。轻纺工业和交通运输业通过建设也有所发展。大规模的工业建设，使上海的基础工业有了迅猛发展，工业结构起了显著变化。重工业比重上升为53.1%，轻工业比重下降为46.1%，工业布局有所改善，工业生产技术水平大大提高。[1]

另一方面，"大跃进"由于急于求成和夸大主观意志的作用，给上海的经济带来了巨大的负面影响，最明显的表现是生产资源严重浪费，产品质量下降。"大跃进"期间，上海钢材的有效使用率只有30%到50%，工业用粮食浪费严重。1960年，全市生产的21万吨中板钢，表面合格率仅有50%。由于生产经营管理不善，生产资料消耗大幅上升，企业亏损严重。人民公社运动中

---

1. 《上海建设》编辑部编：《上海建设：1949—1985》，上海科学技术文献出版社1989年版，第6页。

兴起的大量街道工业组织形式，使街道生产组织盲目发展，生产出大量废次产品，浪费了原材料。"大跃进"中，上海为突出钢铁产量，造成重工业在整个工业中的比重急剧上扬，轻纺工业和商业服务业遭到削弱，上海工业结构的比例失调，经济陷入困难当中。[1]

新中国成立以后，上海农业建设重点是整治海塘、江堤，排除洪涝灾害，加强抗旱、治水、改土等设施，为农业增产创造条件。自1958年起展开大规模围海造地，先后兴建了15个国营农场，3个部队农场和4个人民公社，围垦开发土地达几十万亩，建成了上海新的农副业商品基地和乡镇工业基地。同时，在江苏十县划归上海市领导后，积极在松江、青浦、金山三县建设粮、棉、油基地，在市区周围辟建近20万亩蔬菜基地，在郊县建设猪、禽、蛋基地。20世纪60年代初，随着上海农机工业的创立，农业机械化也随之展开，发展了机电排灌，推广了拖拉机、插秧机、拔秧机等，并基本实现了脱粒机械化半机械化，先进技术开始装备农业，农机装备水平有了很大提高。这一时期农业建设的发展是健康的，农副业生产得到促进，显著提高了本市粮食和主要副食品的自给水平，支持了上海的建设和发展。

随着大规模工业建设的展开、各类工业基地的兴建，上海积极开展了卫星城的建设。当时建设的有闵行、吴泾、嘉定、安

---

1. 杨公朴、夏大慰主编：《上海工业发展报告——五十年历程》，上海财经大学出版社2001年版，第41—42页。

亭、松江等 5 个卫星城。卫星城的建设，首先是编制规划，确定卫星城的人口和用地规模，合理安排总体布局。闵行卫星城仅用 3 个月时间就建成了"闵行一条街"，两旁商店和住宅林立，建筑风貌焕然一新；同时建设了市政公用设施，为居民创造相应的生活条件，从而使闵行成为当时全国著名的卫星城。嘉定原是江南古城，1958 年辟为卫星城后，在建设科研单位和学校的同时，对县城进行改造，筑道路，建设上水、煤气和下水系统，兴建住宅，使嘉定成为环境良好、设施较齐的"科学城"，这是建设卫星城的又一种路径。卫星城的建设，疏散了市区的工业和人口，调整了工业布局，有利于城市和工业的合理发展，开拓了城市建设新思路。[1]

在建设卫星城的同时，中心城的市政公用设施建设也相应展开。一方面充分利用现有设施，通过加强管理和技术改造，挖掘潜力，扩大服务能力；另一方面投资新建项目，重点是道路建设。辟筑和改建了市区通向卫星城的干道，向南的有沪闵路、龙吴路，向北的有共和新路、逸仙路，向西北的有沪嘉路、曹安路，使卫星城与中心城沟通。新建了中山西路和中山北路，为辟通中山环路奠定了基础，缓解了市中心交通阻塞的矛盾。同时，建设了长桥水厂等八座自来水厂，建设了焦化厂，建成了几个大型停车场以及一些下水管道和排水泵站，增加了市政公用设施的

---

1. 《上海建设》编辑部编：《上海建设：1949—1985》，上海科学技术文献出版社 1989 年版，第 7 页。

供应能力和服务容量。当时上海虽然建设了一系列工程，但是仍远远不能适应城市发展的需要。

二、科技教育事业的兴盛

1960 年冬，针对"大跃进"给国民经济造成的日益严重的后果，国家对国民经济实行"调整、巩固、充实、提高"的八字方针。上海贯彻这一方针，基本建设投资锐减，大批在建项目停缓建。面对困境，上海所采取的措施是：加速在建工程投产；搞好停缓建工程的维护，大规模精减职工，上海建筑业共精简 3.9 万人，有的转业，有的下乡，有的去福建支援林业建设；建筑企业进行裁并改组。这些措施的实行对克服困难是有效的。1963 年后，国民经济稳步好转，上海建设任务又逐年回升。这时上海调整投资结构，重点转向轻纺工业的技术改造，发展新兴工业；建筑企业也按专业化施工原则进行调整，建筑公司负责现场施工，将机械施工、混凝土构件制作、门窗加工和建筑材料等组织专业公司，专业承担生产任务，使生产力配置较为合理，向建筑工业化继续迈进。

"二五"计划时期和三年经济恢复这 8 年中，上海建设经历了一个马鞍形发展过程。"大跃进"对上海建设有不良影响，但是广大职工那种奋发图强、忘我劳动的创业精神也是可贵的。上海工农业生产和科技事业的物质技术基础很大一部分是在这个期间建设起来的，为今后的发展奠定了重要基础。这一时期，上海还培养了大批建设战线职工队伍的骨干力量，积累了不少工作经验。坚决贯彻八字方针过程中，上海压缩建设规模，调整投资结构，转向老厂技术改造，发展新兴工业，加速发展建筑专业化施工，采取的措施是正确的，收到了实效。[1]

从1957至1966年初，虽然有"大跃进"的"左"倾错误，但经济建设方面的成就依然相当可观。1963年，中共上海市委提出"把上海建设成为我国一个先进的工业和科学技术基地"的目标，大力发展"高级、精密、尖端"产品。随后，上海制订《上海工业赶超世界先进水平的规划纲要（草案）》，决定以新材料、新设备、新技术、新工艺为中心，发展6个重点新兴工业和18项新技术，并成立了市科学技术委员会和中国科学院上海分院，建立了原子核、计算机、电子学等16所重点科研所，为发展"高级、精密、尖端"产品和国防建设打下了良好的基础。上海改建、扩建、新建了一批骨干工业企业，冶金、机电、仪表、化工等骨干企业，大都建成于这一时期。工业总产值有较大幅度的增长，1965年上海工业总产值为252.04亿元，比1957年增长1.1倍。到1965年，上海工业年生产能力在全国占很大比重，钢占五分之一，钢材、机床、棉纱均占四分之一，缝纫机占三分之二，手表占十分之九。工业的技术水平和产品质量有了较快的提高，品种增多，上海牌轿车、万吨水压机、万吨远洋轮、10万千瓦双水内冷汽轮发电机等相继试制成功。上海货在全国享有很高

---

1. 《上海建设》编辑部编：《上海建设：1949—1985》，上海科学技术文献出版社1989年版，第9页。

的声誉。上海按照中央部署，为支援战略后方建设做出了重要贡献，先后迁出411个工厂，又在皖南山区"小三线"建了55个项目，共迁出10多万干部职工。这些工厂和职工，对于促进内地工业发展、调整全国工业布局，具有重要的价值。城市公用设施虽有所加强，但步子不大。居民新村从1959年的34个增加到1965年的70多个，有80万人搬进新居，自来水、煤气、公共交通均有所发展。但这些仍远不能满足城市进步的要求和居民生活的需要。

万吨远洋轮东风号

工农业生产的发展，促进了科技事业的繁荣。上海遵循科技要向"高、精、尖"方向发展、努力建成全国科技中心之一的要求，大力促进科研单位建设。首先，重点建设了数学、高分子、技术物理、电子仪器、机械工艺、水产等 16 个研究所；接着，投资 2 230 万元，集中力量，在嘉定新建了原子核、计算技术、电子和力学等几个研究所和上海科技大学。大量研究单位的建设，改变了上海科研设施落后状况，推动了尖端技术科研工作的开展，取得了制成 5 万伏高压电桥、1.2 万吨自由锻造水压机、断肢再植和人工合成结晶牛胰岛素等优异的科研成果。此外，各系统也纷纷新建和改建科研所，针对自身生产的薄弱环节，进行科学研究，为发展生产服务。[1]

1961 年以江南造船厂和上海重型机器厂为主制造的 1.2 万吨水压机
图片来源：《上海机电工业志》编纂委员会编：《上海机电工业志》，
上海社会科学院出版社 1996 年版

---

1. 《上海建设》编辑部编：《上海建设：1949—1985》，上海科学技术文献出版社 1989 年版，第 7—8 页。

社会科学研究机构和队伍也有了一定发展。1958年，在此前两年成立的中国科学院上海历史研究所和经济研究所的基础上，成立了上海社会科学院；同年，建立上海哲学社会科学联合会。从1957年起，上海各大学先后建立了10个社会科学方面的研究所。这些机构出版了一定数量且有一定学术价值的研究成果。

到1965年，上海各类学校和在校学生都有很大增加。与1957年相比，高等学校由18所增加到24所，在校学生由3.87万人增至5.2万人，普通中学、中专、师范、小学、技工学校、半工半读的校数、学生数都有较大幅度的增加。

20世纪60年代的上海师范学院

文学艺术方面，这一时期上海出版制作了一大批有价值的作品，代表性作品如小说《百合花》《红日》《上海的早晨》，电影《南征北战》《红色娘子军》《林则徐》，越剧《红楼梦》、京剧《智取威虎山》、沪剧《红灯记》等。

不过，在日趋浓重的"左"的氛围中，在阶级斗争声音越来越震耳的时代，学校、研究所不断批判所谓的"白专道路"，学生重家庭出身；文学、艺术领域强调"大写十三年"，强调千万不要忘记阶级斗争、反修防修；学习马克思列宁主义、毛泽东思想已出现简单化、庸俗化偏向。这种"左"的倾向在1965年姚文元批判《海瑞罢官》达到登峰造极的地步，成为"文革"的前奏。

第三章　曲折徘徊中行进

（1966—1978）

新中国成立以后，复杂严峻的外部环境对党和国家做出判断和决策产生了重要影响。由于西方敌对势力长期的军事威胁、经济封锁以及"和平演变"的企图，党极为关注社会主义政权的巩固，并为此进行了多方面努力，制定了干部参加劳动、反对腐败和特权、反对官僚主义等一系列重要措施。20世纪60年代初期中苏论战之后，面对苏联施加的巨大压力，毛泽东认为修正主义已经成为我国面临的主要危险，全国必须开展"反修"斗争。由于中国共产党对在一个贫穷落后的国家如何建设社会主义缺乏经验和思想准备，在分析和处理国内新的矛盾时，往往沿用过去战争年代开展阶级斗争和大规模群众运动的经验。

从1962年起，毛泽东对党内在"大跃进"、国民经济调整、社会主义教育运动等一些重要问题上的认识分歧，认为是两个阶级、两条路线的斗争，对党内国内的政治形势做出了错误的判断，甚至得出了各个领域都面临着资本主义复辟的危险、相当一部分权力"不在我们手里"这种严重脱离实际的结论。他认为，必须寻找一种新的形式，公开地、全面地、由下而上地发动广大群众，打倒所谓的"党内走资本主义道路当权派"，从而防止资本主义复辟。[1]一场无产阶级"文化大革命"由此拉开大幕。"文革"

---

1. 《中华人民共和国简史》编写组：《中华人民共和国简史》，人民出版社、当代中国出版社2021年版，第113—114页。

从 1966 年 5 月开始至 1976 年 10 月结束，其间全国陷入内乱，使党、国家、人民遭到新中国成立以来最严重的挫折和损失，教训极其惨痛。

作为"文革"策源地的上海，政治、经济、社会、文化，无论哪一方面，都深受其害。但是，我们也应该将"文革"与这个历史时期国家的发展、党和各族人民建设社会主义的活动区别开来。[1]"文革"及两年徘徊时期的 12 年间，上海在某些领域，如科学研究、电影电视、民用航空等事业中还是取得了新的突破的。更为重要的是，这座城市深度参与了国家外交战略的重大转变过程。尤其是 1972 年的上海，不但是中美关系缓和的见证者，也是中美关系缓和任务的承担者。在此事件中，上海发挥了特殊作用，尤其是为美国总统尼克松访华以及《上海公报》的签订做出了不可替代的重要贡献，中国的外交局面也随之改善，为迎来改革开放的大发展、大繁荣、大跨越，奠定了良好的外部环境。

1. 《中华人民共和国简史》编写组：《中华人民共和国简史》，人民出版社、当代中国出版社 2021 年版，第 120 页。

第一节 "文革"序幕从上海拉开

"文化大革命"主要是毛泽东发动和领导的，导火线是在上海点燃的。毛泽东在新中国成立以后，对上海一直非常关注，上海的"三反""五反""肃反""反右""大跃进"等运动的开展情况，都受到他的高度重视。自1954年10月接替陈毅担任中共上海市委第一书记的柯庆施因能准确领会毛泽东的意图，一再受到毛泽东的表扬，被称为"柯老"，说他善于领导，会写文章。1958年，因一篇文章受毛泽东赏识的张春桥，得到柯的提拔，1963年起担任中共上海市委书记处候补书记，1965年3月担任书记处书记。毛泽东自1957年以后便讨厌别人反"左"，柯、张都只反右不反"左"，因而被毛泽东视为同调。1965年11月10日，由江青、张春桥在上海策划、姚文元执笔的《评新编历史剧〈海瑞罢官〉》在《文汇报》刊出，将《海瑞罢官》与彭德怀问题联系起来，拉开了"文革"的序幕。

"文革"在全国铺开的标志是1966年的"五·一六通知"。在此之前，上海已经电闪雷鸣。姚文发表以后，在全国引起强烈反响。张春桥、姚文元利用《文汇报》进行所谓的"大辩论"，将不同意姚文观点的意见列为"右派言论"，借此打击知识分子。1966年2月，江青经林彪同意，在上海召开部队文艺工作座谈会，整理出一份会议纪要，污蔑新中国成立以来的文艺界有一条"反党反社会主义的黑线专了我们的政"，表示要"彻底搞掉这条黑线"。5月10日，《文汇报》《解放日报》同时发表姚文元《评

"三家村"——〈燕山夜话〉〈三家村札记〉的反动本质》，诬蔑邓拓等人的写作是"经过精心策划的、有目的、有计划、有组织的一场反党反社会主义的大进攻"[1]。这开了学术批评乱扣帽子、乱打棍子、蛮横无理、无限上纲的恶例。

一、从"造反"到夺权

"五·一六通知"发布以后，全国立即行动起来。6月1日，《人民日报》发表题为"横扫一切牛鬼蛇神"的社论，中央电台广播聂元梓等人的大字报。6月2日，上海同济、交大、复旦等大学中少数人贴出攻击校党委的大字报，引起争论。学校正常的秩序被打乱。此时，柯庆施已于上一年病逝，张春桥已上调中央，中共上海市委按照自己对中央文件的理解领导运动。6月10日，中共上海市委在文化广场召开万人动员大会，点名批判贺绿汀、周谷城、李平心等8名所谓"反动学术权威"。8月初，上海各高校纷纷成立红卫兵组织。红卫兵掀起破除旧思想、旧文化、旧风俗、旧习惯的"破四旧"运动，置宪法于不顾，随意抄家，随意毁坏被他们认为是"封、资、修"的东西，随意改变地名，严重破坏了原有的社会秩序。龙华、静安、玉佛等著名寺庙惨遭浩劫，万国公墓被砸，游乐场大世界被改为东方红剧场，豫园被改名红园，外滩海关钟的报时音乐被改为乐曲《东方红》，广慈医院被改名东

---

1. 《中共上海党志》编纂委员会编：《中共上海党志》，上海社会科学院出版社2001年版，第753页。

方红医院。上海有25万多户被抄家，包括许多著名人士。在北京红卫兵南下的影响下，9月5日以后，上海红卫兵开始大串联，到处鼓动"造反"，揪斗所谓"走资派"。

1966年11月8日，王洪文、潘国平等策划成立了上海工人革命造反总司令部（简称"工总司"）。因中共上海市委拒绝承认工总司，11月10日，王、潘等煽动一部分人要到北京"告状"，并策划"造反队员"在安亭卧轨拦车，造成沪宁线中断30多小时的严重事件。11月22日、25日，红卫兵两次在文化广场召开批判大会，矛头直指中共上海市委。11月底12月初，红卫兵制造了震动全国的《解放日报》事件"。上海市红卫兵革命委员会（简称"红革会"）要求将该组织主办的《红卫战报》随中共上海市委机关报《解放日报》一起发行，遭拒。红卫兵冲进解放日报社，与《解放日报》广大读者发生对立，激烈辩论数日。在中央文革小组的干预下，中共上海市委被迫接受造反派的无理要求。12月27日至30日，造反派又制造了著名的"康平路事件"。捍卫毛泽东思想工人赤卫队上海总部（简称"赤卫队"）派人包围中共上海市委机关所在地康平路大院，要求市委表态支持，与闻讯而来的工总司发生冲突，赤卫队91人被打伤。这是上海"文革"开始以后的第一次较大规模武斗。

1967年1月4日、5日，文汇报社、解放日报社造反派相继夺取报社领导权。1月6日，在张春桥、姚文元策划指挥下，王洪文等纠集上海32个造反派组织，在人民广场召开所谓"打倒陈丕显、曹荻秋为首的上海市委大会"，宣布不承认曹荻秋为上海市委书记处书记和上海市市长，要陈丕显交代所谓"反革命罪行"，夺了上海市党政大权。随后，造反派又夺了上海各部门和区、县、局的权。这就是所谓的"一月风暴"。在此影响下，夺权之风刮遍全国。2月5日，经张春桥、姚文元等策划，造反派宣布以"上海人民公社"为权力机构，取代中共上海市委和市人委，后改为上海市革命委员会（简称"市革会"），由张春桥任主任，姚文元、徐景贤、王洪文为副主任。夺权以后，各级人民代表大会、政治协商委员会被停止活动，法院、检察院被取消。

为了巩固已经夺得的权力，张春桥、王洪文等多次镇压异己势力。1967年1月28日与1968年4月12日，上海两次发生"炮打张春桥"事件，都被张春桥镇压下去。1967年8月4日，上海发生工总司围攻上海柴油机厂革命造反联合司令部（简称"上柴联司"）武斗事件，造成上柴联司900多人被打伤、600多人被关押的惨案。这是上海"文革"史上最严重的一次武斗。

二、运动不断，灾难严重

1969年4月召开的中共九大使"文革"的错误理论和实践合法化，加强了林彪、江青、张春桥、王洪文等在党内的地位。1971年9月，林彪反革命集团被粉碎以后，周恩来主持中央日常工作，为消除"文革"的影响进行了艰苦的努力，这引起江青、张春桥一伙的仇视。1975年，邓小平代替病重的周恩来主持中央日常工作，开始系统纠正"文革"的错误，但为"左"倾势力所不容。直到 1976 年 10 月，江青反革命集团被粉碎以后，"文革"才完全结束。

"文革"十年中，上海与全国一样运动不断。除了上述"造反""夺权"之外，还有"清理阶级队伍"、"一打三反"（即打击反革命分子，反对贪污盗窃、反对投机倒把、反对铺张浪费）、知识青年上山下乡、"批林批孔"、"反击右倾翻案风"，并持续进行所谓"革命大批判"运动。在这些运动中，一大批干部被以"叛徒""特务""反革命"等罪名清理出阶级队伍，制造了 31 万多件冤假错案，株连的人数超过 100 万，受迫害而非正常死亡的有 1.15 万人。上海有 22 名副市级以上干部被拘捕和隔离审查，有 40% 以上的局级干部被逮捕、拘捕和隔离审查，有近 2 万名机关干部被赶到工厂"战高温"，1 000 多名机关干部被遣送到黑龙江插队落户。"军宣队""工宣队"被派驻上层建筑领域。新中国成立以来许多正确的方针政策、规章制度、理论观点，被污蔑为修正主义路线和观点：严格的管理制度被说成"管、卡、压"，按劳分配被说成"资产阶级法权"，必要的奖励制度被说成"物质刺激"，学习外国先进技术和管理经验被说成"洋奴哲学"。这些批判颠倒黑白、混淆是非，严重扰乱了人们的思想。

三、知识青年下乡

"文革"开始后，由于大学不招生，工厂基本上不招工，商业和服务行业处于停滞状态，城市初、高中毕业生既不能升学，也无法分配工作。仅 1968 年，全国积压在校的 1966 届、1967

届、1968 届初中和高中毕业生达 400 多万人。[1] 在上海,"文革"经历了两年,本应毕业的 1966 届、1967 届学生仍滞留在学校。从 1968 年开始,上海对这部分学生进行分配。1968 年 7 月 2 日,市革命委员会在虹口体育场召开"上海市 1966 届高、初中毕业生上山下乡动员大会"(据统计:上海 1966 届初中毕业生共 149 669 人、高中毕业生共 30 970 人)。7 月 8 日,上海市上山下乡办公室成立(9 月份办公室的工作划归市革委会郊区组),各区、县和街道、镇也先后成立了知识青年上山下乡办公室和知青工作组,各中学成立毕业生分配工作组,开始大规模动员知识青年上山下乡。7 月 27 日,上海首批赴安徽插队落户的知青出发;8 月 9 日,上海首批赴黑龙江务农的知青出发。这两届中学毕业生共 44.5 万人,经动员上山下乡的有 22 万余人。大量积压的毕业生分配成为刻不容缓的严重社会问题。

1968 年 12 月 22 日,《人民日报》发表毛泽东关于"知识青年到农村去,接受贫下中农的再教育,很有必要"的指示,掀起知识青年上山下乡的高潮。[2] 上海几十万人连夜上街游行,热烈欢呼"毛主席挥手我前进,插队落户干革命,上山下乡当闯将,继续革命立新功"。驻各学校的工宣队也立即行动起来,趁热打铁,为做好上山下乡工作进行宣传和组织准备。中共上海市委、市革命委员会决定:通过上山下乡安排三年来积压下来的数十万大、

---

1. 中共中央党史研究室:《中国共产党历史(1949—1978)》第二卷,中共党史出版社 2011 年版,第 818 页。
2. 《毛泽东语录》,《人民日报》1968 年 12 月 22 日,第 1 版。

中学校的毕业生；决定 1968、1969 两届中学毕业生（共 46 万人）和前两届（即 1966、1967 两届）余留下来的符合分配条件的毕业生共 50.7 万人，除极少数身体残疾和家庭有特殊困难的情况外，全部动员上山下乡，即实行"一片红"政策。1970 年 11 月 7 日，上海根据外省市已改变中学生面向农村的单一去路的做法，同时鉴于上海的工矿业也存在劳动力缺口，对 1970 届中学毕业生恢复按"四个面向"进行分配。具体分配中，实行以兄姐去向为依据，决定本人分配到工矿或农村、上海或外地、全民或集体的"按档分配""对号入座"的办法（1970 届毕业生共 21 万人，其中 11.5 万人去外地农村、9.5 万人分配进市区工矿企业）。这一办法延续到 1978 年。另外，1971 年 8 月 17 日上海还安排了 7 万名知识青年，作为外地代训学徒，到工矿企业培训。

上海知识青年上山下乡主要有两种形式：一种是去内蒙古、黑龙江、云南等地几个大型生产建设兵团和郊县国营农场。这部分知青在那里有固定工资，有公费医疗和探亲假等，过着有组织的集体生活。据 1968 至 1970 年统计，各类农场安置上海知青 25.6 万余人。另一种是去江西、安徽、吉林、云南、贵州、内蒙古、黑龙江、辽宁、浙江、江苏等地及市郊农村插队落户，一般 4 至 10 人建立知青点，参加当地社队的生产劳动，自食其力。这些地区本来经济情况不好，劳力过剩，生产门路狭窄，所以工分很少，生活也很艰苦，这部分知青达到 31.8 万人。据上海市劳动局统计，1968 至 1978 年上海市知识青年上山下乡总人数为 1 112 952 人，分布在黑龙江、内蒙古、云南、贵州等 10 个省的广阔地区。1968 年开始，许多家长为使子女有所照顾，通过在农村的亲友，把子女送往家乡插队落户。1968 至 1972 年，去江苏、浙江等省投靠亲友的下乡知识青年共有 8.3 万余人。

1973 年邓小平恢复工作后，首先对教育界进行整顿，恢复大学对工农兵学员的招生考试。1974 年初，上海市教育部门组织 16 所大专院校先后在安徽阜阳、江西上饶、黑龙江黑河、吉林延边、云南西双版纳等 5 个地区试办业余函授教育，开设政治理论、语文、历史、农业生产、农用机械、医疗卫生等 23 个专业，招收学员 2.8 万余人，其中上海下乡知青约占 50%。1975 年，函授教育又扩大到大兴安岭、井冈山、宿县、滁县等地区，学员增加到 6 万余人。另有很小部分上海知识青年参加了全国各地大学的工农兵学员招生考试或被直接选送到大学学习，成为工农兵大学生。1974 至 1975 年上海知青回沪探亲时，上海各区街道和企事业单位协作，举办电、木、泥工、农机维修、农药使用、医疗、缝纫、理发等 560 多个短期技术培训班，培训下乡知青 1.6 万余人。[1]

广大上海知识青年到农村、边疆去，在艰苦的环境中经受了锻炼，用自己的宝贵年华为改造祖国的农村面貌做出了贡献，在一些不发达地区起到传播文化、普及科学知识的作用，涌现出一批英雄模范人物和事迹。但是，在"文革"的特定环境中，知青

---

1. 熊月之总主编，金大陆、金光耀主编：《上海通史·第 15 卷·"文化大革命"及两年徘徊时期（1966—1978）》，上海辞书出版社 2021 年版，第 115—119 页。

上山下乡运动也产生了严重的负面作用。一方面，大批知识青年失去继续升学接受学校正规教育的机会，在相当程度上造成国家各行各业的人才断层，给国家的现代化建设带来长远的危害。另一方面，由于对上山下乡缺乏系统、合理的安排，在农村发生各种各样的问题。有的地方原本人多地少，经济不发达，缺少接受知识青年的条件，致使知识青年常年劳动后仍然生活困难，甚至连口粮都不能解决，加重了知识青年和当地农民的负担，国家不得不拿出大批资金来补贴。还有的地方因受极左思潮影响，对知识青年照顾管理不善，甚至发生迫害知识青年的情况，加剧了社会矛盾。由于政治环境不稳定，国家经济状况得不到改善，知识青年上山下乡问题在"文革"时期始终没有得到根本解决。[1]

第二节 "抓革命、促生产"

"文革"十年中的上海经济建设，是在备战思想指导和"抓革命、促生产"口号下进行的。其中，1966 至 1970 年为第三个五年计划时期，1971 至 1975 年为第四个五年计划时期，十年中，就全市工农业总产值和人均国民收入而言，除了 1967 年在剧烈动乱中有所下降以外，其他年份均有所增长，但经济效益较差，普遍存在成本上升、质量下降的问题。

---

1. 当代中国研究所：《中华人民共和国史稿（1966—1976）》第 3 卷，人民出版社、当代中国出版社 2012 年版，第 89—90 页。

一、部分建设有限发展

"文革"十年中，上海建设遭到严重挫折。设计创作被扣上"封、资、修"的帽子，建筑施工刮起批判"平方米挂帅"的歪风，城市建设被污蔑成"为资产阶级老爷服务"，大批领导干部和科技人员遭到迫害，管理机构瘫痪，管理秩序劳动纪律混乱，因而工程质量低劣，塌屋和伤亡事故不断发生，建筑业生产技术水平全面下降。城市建设停滞不前，有五年时间地方财政没有投资建造1平方米住宅，这加深了城市原有的住宅紧缺的矛盾，造成了严重后果。

但是，建设战线的广大职工顶着"四人帮"的干扰，仍然努力从事各项建设，其中有奋战在杭州湾畔的职工所兴建的上海石油化工总厂。这个企业总投资21.8亿元，从国外引进9套生产装置，年产合成纤维10.2万吨、塑料677吨、醋酸3万吨、乙烯11.5万吨。通过围海造地，在一片荒滩上，经过2万名建设者连续两年多的建设，终于胜利建成投产。同时，根据周恩来提出的三年改变港口落后面貌的要求，上海的职工开展了港口建设，兴建了20个万吨级泊位和1个外贸杂货码头，建成煤炭、散粮和木材等5条机械化作业线，改建了6个装卸区，建设了铁路、道路和仓栈等配套工程，为上海港步入世界"亿吨大港"的行列奠定了基础。铁路建设主要新建了金山铁路支线，扩建了桃浦站，连同前已建成的5条铁路支线，南翔机务段和杨浦、彭浦等货运站，大大增强了铁路客货运输能力。

这一时期，上海开展了援外支内建设，派出精干队伍承担了

东方璀璨

加纳、坦桑尼亚、苏丹、赞比亚、阿尔巴尼亚等 10 多个国家的经援建设任务，完成了冶金、纺织、轻工等工业项目和会议厅、体育馆、办公楼等公共建筑建设，赢得了受援国家的赞扬，扩大了影响，援外人员也从中得到了锻炼和提高。与此同时，还积极开展支内建设。一方面，组织建筑队伍，承包江西、安徽"小三线"建设任务；另一方面，又奔赴南京、大屯、铜陵和莱芜，建设工业原材料基地，这些建设队伍战斗在高山、井下，辛勤劳动。

一些公共建筑在市区兴建起来，设计、施工的技术水平有所提高。具有 1.8 万个座位的上海体育馆、高达 210.5 米的上海电视塔、成排崛起的漕溪路高层住宅建筑群、技术精湛的上海国际卫星通讯站等纷纷建设起来。大跨度网架屋盖结构、整体提升、一次吊装成功的新技术，156 米电视塔身地面拼装、整体起扳的新方法，高层建筑的施工工艺等，都在实践中涌现出来，显示了较高的技术水平。[1]

1976 年，144 种主要产品的质量有 108 种低于历史水平。"文革"后期，工业增长率逐年降低，到 1976 年仅为 2.1%。为了增产军品、建设后方基地、支援全国增产钢铁，上海扩大了冶金、机械制造工业的生产能力，建设了南京梅山冶金公司，并在山东张家洼、江苏大屯、安徽铜陵建设铁、煤、铜生产基地；上

---

1. 《上海建设》编辑部编：《上海建设：1949—1985》，上海科学技术文献出版社 1989 年版，第 11—12 页。

海石油化工总厂、打浦路越江隧道、上海体育馆等重大工程项目相继上马建设；建立了一批枪、炮、弹药生产线；核电站等的研建取得新的进展；试制成功大型运载火箭，并于1975年将一颗重型人造地球卫星送入轨道。农业方面，由于片面强调"以粮为纲"，1976年产量虽然比1966年增长35.4%，但经济作物和养殖业却处于停滞或倒退状态。这些年，投资结构不合理是经济建设中的一个突出问题。以"三五"期间为例，基本建设投资中，生产性投资占83.9%，非生产性投资占16.1%，其中住宅投资仅占3.3%，严重影响了人民生活和国民经济正常发展。十年中，上海工业总产值每年平均增长7.3%，而同期工业净产值每年的平均增长只有4.7%，净产值的增长速度落后于工业总产值的增长速度，更明显落后于1953至1966年的每年净产值平均增长13%的水平。由于净产值增长速度的下降，造成财政收入减少，在十年中，上海财政收入至少减少了200亿元。[1]

二、市政建设举步维艰

从1949至1978年，上海经济都是在高度集中的计划经济体制下运行的。上海市财政收入自1950至1958年，在全国所占比例不算太高，一直没有超过4%。1959年以后比例陡升，1959年占17.27%，1978年占14.88%，当中那些年通常在16%左右，从1959至1978年平均为15.41%。从1951至1978年，上海共上

---

1. 熊月之主编：《上海通史·第12卷·当代经济》，上海人民出版社1999年版，第7页。

缴中央 16 777 157 万元。[1] 上海市自身的财政支出在全国所占比例，最高的一年是 1959 年，占 3.97%；最低的一年是 1955 年，占 0.70%；其余年份都在 2% 左右。[2] 这就是说，上海财政收入绝大部分都上缴中央了。上海以全国 1/1500 的土地，1/100 的人口，提供了全国 1/6 的财政收入，这一贡献是无与伦比的。

但在此体制下，上海城市建设严重滞后。30 年间，上海工业设备难以改造、更新，又因为缺乏国际范围的先进技术交流，上海工业只能长期在低层次、粗放型水平上增长。上海用于城市交通改进、住房建设、污染治理等方面的经费极少，城市建设严重滞后，交通拥挤、住房困难、环境污染等问题相当突出，极大地制约了上海的发展。特别是住房问题最为棘手。尽管 30 年中也新造了一些居民新村，改造了一些住房，但总体情况仍然相当严重。1950 年，上海人均住房面积是 3.9 平方米，到 1966 年仍然是人均 3.9 平方米，其中大部分年份都不足 3.9 平方米，1957 年最低，人均只有 3.1 平方米。1968 年以后，由于大批知识青年迁出上海，人均住房面积才略有上升，到 1978 年也只有人均 4.5 平方米。[3] 20 世纪 80 年代初，上海市区 160 余万户居民中，人均居

1. 历年详细数据，参见《上海通志》编纂委员会编：《上海通志》（第 5 册），上海社会科学院出版社、上海人民出版社 2005 年版，第 3284—3285 页。
2. 《上海财政税务志》编纂委员会编：《上海财政税务志》，上海社会科学院出版社 1995 年版，第 64 页。
3. 周振华、熊月之等著：《上海：城市嬗变及展望》（上卷），格致出版社 2010 年版，第 328 页。

住面积在 4 平方米以下的家庭占 28.4%，多达 45.5 万户。[1]

"文革"前的 17 年内，上海共建成住宅 895.26 万平方米，平均每年 52 万平方米，其中 1958 至 1966 年建成 565.12 万平方米。此外，从 1963 年起，还对市区的一些棚户区进行了重点改造，闸北区的蕃瓜弄、杨浦区的明园新村等处焕然一新。虽然国家在住房建设方面进行了相应的财政投入，但是非商品化的建设却受到了资金等诸多因素的牵制。对于许多人多房小的家庭而言，住房问题是天字第一号难题。

"文革"开始后，住房问题进一步恶化。造反派开始动手抢房，一些私房主被勒令交出房屋，扫地出门；一些公房住户或者被挤占掉几间房屋和一些面积，或者也干脆被撵出门去，发落到条件更差的房子内。被造反派非法抢占的公私住房达 266 万平方米。虽然上海市革委会发出过通告，不准任何个人抢占公房，被没收的"地富反坏右"以及"资本家"的房屋必须交房管部门统一管理。但是造反派不会去触动本营垒的既得利益，相反，在"解放以来第一次大规模解决困难户的分配"的大幌子下，许多造反派家庭堂而皇之地成了新居的主人，那些原来的主人则成了新的住房困难户。与此同时，许多较高档的住宅住进多家住户，形成"七十二家房客"的格局，邻里间争夺公用空间的纠纷不断，违章搭建、破坏绿化等现象开始大量发生。

"文革"期间，上海新建房屋数量锐减，平均每年只建房

---

1. 熊月之主编：《上海通史·第 13 卷·当代社会》，上海人民出版社 1999 年版，第 246 页。

25.2万平方米，比"文革"前的一半还要低；旧有房屋严重失修，每年大修房屋面积仅163.9万平方米，只有"文革"前的48%；小修服务削弱，欠租现象急剧上升，新增欠租4 314万元。由此可见，上海的住房困难现象在"文革"期间变得严峻了。这笔历史欠账在"文革"结束后凸显出来，当时因为落实政策、大批知识青年回沪等因素，住房困难户的数量急剧上升，住房成为上海市民和市政府最头疼的问题。[1]

许多上海市民在"文革"期间感到公共交通越来越拥挤了。从1966年起，公交乘客人次在10年内增长50.4%，然而车辆仅增加13.8%，运能增长17.4%。20世纪70年代以后，市内主要公交线路上行驶的车辆经常人满为患，车辆晚点、脱班成为家常便饭，广大市民深感不便，怨声载道。只有市区与郊县的公交场站建设有一定进展，北区和西区客运站陆续建成，长途公共汽车的运行和旅客的吞吐条件有所改善。自来水和煤气供应也出现了问题。截至1972年，水压在10米以下的低压区增加到23个，面积达60平方千米，占全市供水面积的1/4。后经过扩建杨树浦水厂和长桥水厂，并在全市大力提倡、推行节约用水，才使供求矛盾略有缓和。许多家庭在当时还是使用煤炉生火做饭，每当家里的煤球或煤饼即将用完时，通常由丈夫、兄弟或者儿子借来一辆"黄鱼车"，到附近的煤球店凭票拉回一车煤球或煤饼。每天

---

1. 熊月之、周武主编：《上海：一座现代化都市的编年史》，上海书店出版社2009年版，第554—555页。

清晨，棚户区、弄堂，甚至在某些公房的过道里，都会升起呛人的"炊烟"，最苦的是生炉子的人，难免被弄出点咳嗽。因为煤炉的局限性，许多人家都去"老虎灶"打热水；过年过节要多烧几个菜的时候，一只煤炉肯定是不够用的，有些人家会拿出备用的火油炉来助阵。有幸使用煤气的部分居民时常为脱压脱销现象所苦，1974年曾脱压达64次。因气源不足，煤气用户的数量长时期上不去。"文革"时期市政建设积压的"欠账"，给市民生活、城市发展带来了许多困扰和后遗症。

　　"文革"期间，市政工程系统广大职工排除干扰，取得了一定的建设成就。1971年6月，第一条穿越黄浦江的打浦路隧道开放运营；苏州河上的江宁路桥和昌化路桥得到改建；新建了新华路、军工路等车行立交桥；拓宽了漕溪北路、天钥桥路等干道；建成宛平南路、乌鲁木齐中路、浦东其昌栈等19个排水系统；曹杨新村雨、污水排放系统得到一定程度的改造。1974年，市区防汛墙改建为混凝土或块石重力式结构，变得更高更牢。同年全市新建公路537千米，改建公路500千米，改建桥梁327座。1975年制订了"社场公路"（今县乡公路）建设规划，并逐步实施。1974年底竣工的上海电视台、1975年8月正式投入使用的上海体育馆（也称"万体馆"），还有前面述及的打浦路隧道，是"文革"时期上海市区新建的三大标志性建筑，代表了那时上海的城市形象。[1]

1.　熊月之、周武主编：《上海：一座现代化都市的编年史》，上海书店出版社2009年版，第554—556页。

三、上海虹桥机场扩建用于民航

虹桥机场始建于1921年3月10日，原来是北洋政府为开辟京沪航空线在上海修建的第一个民用航空机场。经过不断的改建、扩建，逐步发展。1963年3月，巴基斯坦总理布托访华，同国务院总理周恩来商定两国通航原则。以此为契机，建立用于国际航线的民用机场被提上了日程。5月20日，国务院决定开放上海航空，以供国际航空通航。然而，因当时作为上海唯一的民用机场龙华机场紧靠市区，受净空条件等限制，已无法适应大型飞机起降，遂后改为小型飞机的试飞站和训练基地。在经过对上海已有机场的充分调查研究之后，最终确定将原由空军使用的虹桥机场扩建为国际机场。

1963年8月7日，周恩来在上海市副市长曹荻秋、空军副司令员张廷发和民航总局副局长李平的陪同下，来上海虹桥机场察看，并决定扩建虹桥机场为国际航线民用机场。11月，国务院正式批准扩建虹桥机场为国际机场。中共上海市委随即决定成立修建国际机场委员会，并启动修建工程。经过扩建，虹桥国际机场的跑道道面等级标准序号为58R/C/X/T，并于"六五"期间向国际民用航空组织（ICAO）通报。1964年4月24日，虹桥国际机场修建工程进行总体试运转，中共上海市委书记处书记陈丕显、副市长李干成率两百余人来机场检查设备运转情况。是月26日，巴基斯坦国际航空公司用波音720型飞机进行实地试飞，结果良好。国务院副总理陈毅为"上海虹桥机场"题名。1964年4月29日，巴基斯坦国际航空公司用波音720型飞机开通上海至巴基斯坦达卡（现孟加拉国首都）国际航线，虹桥国际机场举行开航典礼。当时中苏关系紧张，北京至莫斯科航线可能受阻，所以上海与达卡航线的通航是至关重要的一条国际通道。

上海虹桥国际机场此次的扩建工程，从勘察设计开始，到第一期工程建成、中巴航线开航，仅耗时六个半月的时间，为中国民航机场修建史上的首次。随着达卡—广州—上海航线开通，虹桥机场成为上海初具规模的国际机场。1965年7月3日，虹桥国际机场修建工程第二阶段项目竣工验收。第二阶段工程有航站大楼、指挥调度楼、收发信台、油库、自动加油系统、宾馆、市内售票处等工程。1966年8月，原本在龙华机场起降的国内航班转到虹桥国际机场起降，龙华机场则改为民航上海管理局的训练基地和航班飞机的备降场。

20世纪60年代的上海虹桥机场

随着上海城市发展进一步加速，为了进一步适应民航业务的发展需要，1972年2月17日，国务院、中央军委下令驻扎虹桥国际机场的空军全部撤离。至此，虹桥机场成为民航单独使用的机场，国家一级民用国际机场。其后，虹桥机场对部分机场设施

又进行了改建和扩建。至 1977 年，机场的改、扩建工程主要改建了旧机库 2 700 平方米，新建航空器材库、国际国内货运仓库、航空食品车间和飞行人员用房等共 1.5 万平方米，还新建了容量 5 000 吨的航空煤油库。经历了一系列的改、扩建工作，虹桥机场的各项设施基本上适应了这一时期的民航业务需求。[1]

第三节　文艺领域的畸形发展

"文革"的十年中，上海的文艺领域和全国各地一样，都呈现异样样貌。一方面，许多在文艺领域成绩斐然、声誉卓著的人士遭到迫害，大量优秀作品被戴上莫须有的政治帽子横遭批判；另一方面，一些只有在那个年代才会产生的奇特的文化现象进入了人们的生活。这一时期，文化事业与政治意识形态的关系密切。在趋同主题与众声喧哗中，创作和生活很难保持平静。

一、"高歌伟大的毛泽东时代"

1966 年以后，随着政治气氛的进一步变化，"左"倾思潮对上海文化界的影响更为强化。在经过重大修改之后，京剧《智取威虎山》于 3 月 24 日重新上演，主人公杨子荣从一个有血有肉的英雄被改塑成一个无比高大的形象。由上海市舞蹈学校师生创

---

1. 上海机场（集团）有限公司、上海社会科学院：《上海城市发展与机场百年嬗变》（研究报告，未刊本），2021 年 7 月。

作、排练的大型芭蕾舞剧《白毛女》已于一年前公演，4月30日，该剧在北京公演，被《人民画报》称为"按照毛主席的文艺思想改造芭蕾艺术的又一巨大成就，树立了又一个外为中用的好样板"[1]。

"上海之春"是20世纪60年代初开始在上海每年都举行的音乐会演，到1966年已是第七届。这一届"上海之春"于5月14日开幕，闭幕已是"文革"开始后的5月31日了。"高歌伟大的毛泽东时代"是本届"上海之春"的主题，参加表演的4800多人中，工人、农民和解放军战士业余演员有3400多，占了70%。参加演唱的工农兵群众，他们越唱越有劲，歌声像沸腾的海洋，气势磅礴，震撼天地，显示出"文化大革命"生力军的声威。参演节目有：大联唱《歌唱王杰、学习王杰》、根据毛主席诗词改编的评弹《七绝——为女民兵题照》、上海炼油厂工人创作并演唱的《炼油工人歌》、上海高桥化工厂创作并演出的女声表演唱《毛主席著作闪金光》、上海县虹桥公社社员演出的女声表演唱《种菜想着吃菜人》、驻沪空军某部演唱组演出的歌曲《雄鹰之歌》。这届"上海之春"还打破常规，直接到田间、车间、俱乐部、餐厅和阵地上，为工农兵群众集中表演。[2]

"文革"期间，"8亿人民8个戏"，8个样板戏成为上海和全国人民别无选择的"文化大餐"。电影院、舞台、音乐厅、电视、

---

1. 《人民画报》1967年第8期。
2. 《人民画报》1966年第8期。

收音机里都是样板戏，人们只要天天听收音机，不多久就会跟着哼唱。"文革"期间，上海主要的样板戏演出包括：1967年5月1日，现代京剧《海港》公演；1967年5月4日，交响乐伴奏的京剧《沙家浜》公演；1967年7月23日，上海的三个样板戏剧组《智取威虎山》剧组、《海港》剧组、《白毛女》剧组由京返沪，开始向全市市民做汇报演出；1969年8月1日，上海开始公演向北京学习的样板戏剧目，包括现代京剧《红灯记》《沙家浜》以及钢琴伴唱《红灯记》，上海实验创作的现代京剧《龙江颂》、钢琴弦乐五重奏伴唱《海港》也一同演出；1970年元旦，现代京剧《海港》公演。[1]

除了样板戏，毛主席语录歌曲流行一时。1967年9月，上海文化出版社出版了《毛主席语录歌曲集》。在那个特殊的年代里，语录歌曲确实红火了一阵子。1967年4月20日，上海"工农兵文艺会演"在人民广场开演，持续40多天，一直到6月4日晚方才落幕。参加演出的主体是来自工厂、农村生产队、学校和基层部队的毛泽东思想宣传小分队，总数约1 000支。一位小分队队员说："我们不是什么歌唱家，也不是什么舞蹈家，我们在舞台上大蹦大跳大演大唱，为的是歌颂我们最敬爱的伟大领袖毛主席，宣传毛泽东思想。"他们表演的节目主要是毛主席语录歌曲，以及以大批判为内容的三句半、对口词等。几乎每一支小分队都

---

1. 熊月之、周武主编：《上海：一座现代化都市的编年史》，上海书店出版社2009年版，第554—558页。

有一些共同的保留节目，如《大海航行靠舵手》《毛主席像章胸前戴》《草原上的红卫兵见到了毛主席》《万岁，毛主席》等。无论"欣赏"哪一支小分队的表演，都会碰到这些节目，有的表演得比较到位，有的就荒腔走板一些，显得热情有余，技巧不足。[1]

二、电影电视的异样繁荣

　　"文革"初期，电影院放映的几乎全是反映无产阶级"文化大革命"的"一片大好形势"，以及讴歌毛泽东的新闻纪录片。如1967年4月26日，由中央新闻纪录电影制片厂和八一电影制片厂联合摄制的彩色文献纪录片《毛主席是我们心中的红太阳——庆祝中华人民共和国成立十七周年》在上海首映，当天观众就达到27万人次。1969年四五月间，上映中共九大全体会议和闭幕式的纪录影片。6月23日，短纪录片《打一场消灭"五害"的人民战争》上映。1970年4月20日起，全市各影院开始放映纪录上山下乡知识青年工作、学习和生活的《广阔的天地》。5月1日，一部反映上海军民庆祝新中国成立二十一周年的专题彩色纪录片《天翻地覆慨而慷》出现在银幕上。半年后，又上映《庆祝伟大的中华人民共和国成立二十一周年》。外事活动方面的纪录片也是重头戏，记录金日成、齐奥塞斯库、西哈努克、叶海亚·汗、海尔·赛拉西一世、尼克松、田中角荣、蓬皮杜等外国

1. 熊月之、周武主编：《上海：一座现代化都市的编年史》，上海书店出版社2009年版，第559页。

领导人访华的影片都曾上映过。

进入 20 世纪 70 年代后，新闻纪录片垄断银幕的现象逐渐发生变化，样板戏电影陆续与观众见面。1970 年 10 月，彩色影片《智取威虎山》上映。此后数年，《沙家浜》《红灯记》《红色娘子军》《白毛女》《海港》《奇袭白虎团》等影片陆续上映。其中《海港》等是由上海电影制片厂摄制的。70 年代中期以后，上海电影制片厂拍摄了一些故事片。1974 年 1 月 22 日，该厂摄制的彩色故事片《火红的年代》上映，该片以钢铁工人的工作、生活为题材；上海美术电影制片厂摄制的彩色木偶片《小八路》也于同日在全市公映。25 部新片在 1976 年元旦上映，其中有《决裂》《金光大道》等；4 月 1 日，《春苗》《决裂》《闪闪的红星》《第二个春天》《青松岭》《难忘的战斗》等以阶级斗争为主题的 6 部故事片在上海上映。70 年代中期拍摄、上映的新片中，大部分属于极左思潮的产物，故事的情节、主人公的言行都充满着对"文革"和造反派的赞美。这样的影片，一等到"文革"终结就被人逐渐忘却。不过，一些经历过那个时代的人可能偶尔仍会记起《春苗》中的田春苗，《决裂》中的"马尾巴的功能"。

"文革"时期，上海观众能看到的外国电影基本上来自阿尔巴尼亚、越南、朝鲜这几个社会主义兄弟国家。阿尔巴尼亚电影中时常会有一些镜头因为不符合"文革"时期的行为准则而被剪掉，因此观众常常感到"莫名其妙"。越南当时正与美国激战，故事片多为战争题材，观众称之为"飞机大炮"。朝鲜电影多控诉帝国主义和反动派的罪行，主人公的命运大起大落，观众形容其"哭哭笑笑"。这十年间，上海最轰动的一部外国影片是来自朝鲜的《卖花姑娘》。这部彩色故事片于1972年9月上映后受到上海市民的热烈欢迎。人们纷纷谈论它，有人看了一遍又一遍。影片中的插曲尤其受到市民的喜爱，许多年轻人设法弄到歌谱、歌词，自己学唱"金达莱花"。

电视在"文革"时期开始缓慢普及。电视节目充满政治色彩，形式和内容都比较单调。1966年12月23日《解放日报》预告的当晚电视节目为：电视新闻"抓革命促生产　努力完成今年生产任务""民航职工满怀激情大学大立'老三篇'"等，民航山东局五好家属宋俊巧宣讲"听毛主席的话，做人民的勤务员"，教唱语录歌曲《人民是创造世界历史的动力》，纪录片《毛主席第三次接见革命小将》。当造反派摩拳擦掌地准备夺权时，上海电视台的造反派自然也不甘寂寞。1967年1月6日工总司等造反派组织在人民广场非法集体批斗市委、市人委领导时，电视台的造反派向全市进行了实况转播。类似的电视播出内容在当时为数不少。稍后，样板戏的电视影片成为电视节目中的重要内容。70年代中期，新上映的故事片、译制片开始出现在电视节目里。此外，播放文艺晚会、国内外文艺团体的演出实况或录像也是重头戏。许多人通过电视欣赏了朱逢博演唱的《同志哥，请喝一杯茶》，张振富、耿莲凤的男女声二重唱以及其他文艺节目。

1971年3月，总投资1829万元的上海电视台工程开始动工，1974年底完成。新建的上海电视台包括电视发射塔、演播楼和新闻综合楼，其中高210米、钢结构六边形的电视发射塔成为当时上海最高的建筑。1975年1月，上海电视台播出的节目不再是黑白色，而是彩色的了。与此同时，电视机的普及率开始上升。当时上海通常是居委会拥有一台17英寸的黑白电视机，晚上搬到弄堂内合适的地方供居民收看。观众总是很多，把弄堂挤得满满的。手脚慢一点的只能站在后面，看到屏幕上几个黑点。虽然居委会强调给大家看电视是为了更好地学习形势，提高政治觉悟，但所有人的兴趣都在文艺节目上。居民经常为了看哪个频道的节目发生争论，其实当时可供选择的一般也就是两个频道。一些人开始对这种情况感到不耐烦，想拥有自己的电视机。能够买一台9英寸的黑白电视机已经算经济条件相当不错了。[1]

"文革"时期曾有一些外国文艺团体来上海演出，其中日本的齿轮座剧团是极为特殊的一个。1967年11月初，该剧团来到上海，他们带来了两出话剧《野火》和《迎着暴风雨前进》。在沪期间，剧团成员与工人座谈，与学生、解放军联欢。在参观中共一大会址时，表示"要走毛主席的革命道路"。显然，这是一个自称信奉和实践"毛泽东文艺思想"的红卫兵式的日本话剧团体。此前在北京，毛泽东曾亲自观看过他们的演出。上海市革委会的头面人物出席了该剧团的告别演出，并专门举办了欢送酒会。

---

1. 熊月之、周武主编：《上海：一座现代化都市的编年史》，上海书店出版社2009年版，第560—561页。

第三章
曲折徘徊中行进（1966—1978）

三、冤假错案与命运悲惨的知识分子

"文革"初期，张春桥等为了达到打倒中共上海市委、夺取党政大权的目的，制造了不少的冤假错案。他们诬陷迫害中共上海市委委员、市委教育卫生部部长常溪萍致死案即是一例。1966年6月26日，北京大学聂元梓等人寄给中共上海市委一批"揭发"常溪萍的材料。8月25日，又通过江青、张春桥向上海市委转交了题为"常溪萍在北京大学反革命事件中扮演了什么角色？"的大字报，称常溪萍是镇压北大社会主义教育运动的刽子手，是出卖北大社教运动的大叛徒。常溪萍曾于1964年11月至1965年6月，由党组织选派参加北大社教运动试点，任工作队党委副书记，曾通过正当途径向党中央汇报对北大社教运动的不同意见。曹荻秋经请示中央负责同志，拒绝在上海张贴该大字报。6月26日，聂元梓等人又将一批"揭发"常溪萍的大字报送给江青、张春桥，要求转交中共上海市委，得到支持。11月20日，聂元梓受中央文革小组指示到上海，召集在沪北京大学红卫兵组成"战斗团"，积极同本市各造反组织串联，策划以"打倒常溪萍为突破口，进而搞垮上海市委"。在随后的"清理阶级队伍"中，常溪萍被隔离审查，并经常遭揪斗。1968年5月25日，常溪萍被迫害致死。此外，"文革"初期遭到迫害而罹难者还有在批判《海瑞罢官》中被张春桥诬为"反动学术权威"的华东师范大学教授李平心、著名翻译家傅雷及其夫人朱梅馥、著名作家叶以群、市高教局局长陈传钢、著名京剧演员言慧珠等。

1967年1月13日，中共中央、国务院发出《关于在无产阶

东方璀璨
（1949—2019）

级文化大革命中加强公安工作的若干规定》(即"公安六条")。"公安六条"成为大量冤假错案产生的重要根源之一。自从这时起，首先在上海，然后在全国，掀起了造反派夺取党和政府各级领导权的浪潮，导致全国动乱升级。[1]

上海市革命委员会成立后，张春桥等对人民群众和干部的政治迫害变本加厉，有组织、有计划地制造了上海地下党冤案、"两线一会"特务集团假案冤案等大量冤假错案。被迫害致死者中，许多是全市党和政府的各部门，各区、县、局，各民主党派，各人民团体的主要负责人，还有社会各界知名人士、作家、教授、科学家、艺术家等。他们绝大多数罹难于1967年1月造反派夺权后张春桥一伙掀起的大迫害浪潮中，尤其是连续几年的"清队"中。他们中有不少是在全市知名度很高，甚至在全国有影响的人士。这些被迫害致死的各界人士，在"文革"结束后，经过复查，都被作了实事求是的复查结论，推倒一切强加在他们头上的诬蔑不实之词，平反昭雪、恢复名誉。

关于迫害致死，大致有以下几种情况：有的是在刑讯逼供中被打死的；有的是遭受长期摧残在批斗现场或在隔离室死亡的；有的是忍受不了残酷的陷害、折磨而自尽的；有的是遭虐待致伤致病，旧病加重，但又不予医治，或病危才送医院抢救不及而死亡的；还有被诬蔑为"畏罪自杀"，但种种迹象表明，存在着他

---

1. 《中华人民共和国简史》编写组：《中华人民共和国简史》，人民出版社、当代中国出版社2021年版，第115页。

杀的很大可能，而又因有关单位造反派头头们的故意破坏（包括破坏现场、阻挠调查、仓促火化、拒绝家属提出的验尸要求、不准家属到场等），以致在"文革"结束后的"清查"中也难以取得他杀的证据。

"文革"十年，造反派还通过专政机关判了一批冤假错案，包括死刑案件。如上海交响乐团指挥陆洪恩，1966年5月28日因"反动言论"被逮捕。1968年4月27日，市革委会在人民广场召开公判大会，宣判陆洪恩等7名"十恶不赦的现行反革命分子"死刑，立即执行。上海电视台、上海人民广播电台作了现场转播。"文革"结束后，陆洪恩被宣告无罪。

据1984年4月对全市"文革"案件复查情况统计，全市共有各类"文革"案件348 700余件；加上株连的家属亲友，涉及面百余万人；被诬陷为"叛徒集团""特务集团""反革命集团"等集团性冤假错案949件；全市非正常死亡人员11 510人。[1]

第四节　外交战略转变中的上海贡献

在中苏矛盾尖锐之际，上海为响应中央号召，一方面以各种方式支援边疆、保卫边疆；另一方面也加紧备战、备荒，做好战争准备。在中苏、美苏关系转换的同时，中美关系出现了缓和。

---

1. 熊月之总主编，金大陆、金光耀主编：《上海通史·第15卷·"文化大革命"及两年徘徊时期（1966—1978）》，上海辞书出版社2021年版，第79页。

1970年斯诺夫妇访问上海，上海给予高规格接待；1971年4月美国乒乓球队在上海访问，上海受到很高的赞赏；基辛格以及随后大量美国友人访沪，同样对上海的精心服务表示敬佩。1972年，美国总统尼克松访问中国并签署中美《上海公报》，是中美关系缓和的里程碑。尼克松访问中国需要大量前期准备，在漫长的前期工作中，上海不但是见证者，也是中美关系缓和任务的承担者。在此过程中，上海发挥了特殊作用，尤其是为尼克松访华以及《上海公报》的签订做出了不可替代的贡献。随着中美关系缓和，中国的外交局面也随之改善，中日关系也逐渐升温，其中，上海舞剧团为中日建交迈出了关键一步。

一、上海：为尼克松访华铺路的重要地点

1970年11月，斯诺夫妇在中国人民外交学会理事黄华夫妇的陪同下访问上海。斯诺这次是在新中国成立后第三次重访上海。斯诺夫妇在上海受到很高规格的接待。在上海访问期间，斯诺参观了上海工业展览会，并走访了一些工厂，对于上海机床厂自制成功的高精度镜面磨床、江南造船厂自己制造的多种万吨轮、汽车制造厂自行设计生产的32吨自卸载重卡车等工业发展、技术进步成果，表示极受鼓舞。[1] 在游览黄浦江时，上海市革委会常委朱永嘉负责陪同。安排朱永嘉是为了向斯诺介绍上海的"文革"。朱永嘉后来还应斯诺的要求用了一个下午向他介绍了批

---

1. 《上海外事志》编辑室编：《上海外事志》，上海社会科学院出版社1999年版，第616页。

判《海瑞罢官》和"一月革命"的详细情况。[1]从上海返回北京后，12月18日，毛泽东在会见斯诺时说：尼克松如果想到北京来，你就捎个信，叫他偷偷地，不要公开，坐上一架飞机就可以来嘛。谈不成也行，谈得成也可以嘛。何必那么僵着？后来又分析了当时的国际形势，以及尼克松访华的可能。[2]毛泽东此时明确提出了欢迎尼克松访华，给了美国方面明确信息。

1971年3月21日，在毛泽东的批准下，中国乒乓球队赴日本名古屋参加第三十一届世界乒乓球锦标赛。比赛期间，中国和美国运动员进行了友好接触，美国乒乓球队几次表示，希望在世乒赛结束后能访问中国。4月3日，外交部、国家体委将此消息的请示报告送给周恩来。4日，周恩来将报告送给毛泽东审批。4月7日，毛泽东同意邀请美国乒乓球队访问中国。[3]

1971年4月10日，美国乒乓球代表团应中国乒乓球代表团的邀请，由深圳进入中国进行访问，成为自1949年以来第一批进入中华人民共和国境内的美国运动员。随同访问的还有4名美国记者。访问团于15日到达上海，不但进行了参观访问，而且还举行了友谊比赛。球队访沪期间，许多团员说，他们在上海虽只停留两天，但是这座工业城市和它安谧、秩序井然的社会面貌，市民的朴素、勤奋和充满自信的风貌，比赛场上的友谊

1. 朱永嘉口述，金光耀采访整理：《我所经历的尼克松访华》，《史林》2013年增刊。
2. 中央文献研究室编：《建国以来毛泽东文稿》第13册，中央文献出版社1998年版，第164—165、168页。
3. 中共中央文献研究室编：《周恩来年谱（1949—1976）》下卷，中央文献出版社1997年版，第449页。

气氛，给他们留下了清新、美好的印象。"乒乓外交"打开了中美两国友好往来的大门。美国开始出现关心中国问题、到中国来看看的"中国热"。自1971年5月至1972年2月初的9个月中，上海先后接待了美国科学家、医生、研究中国问题的学者、新闻工作者和一些友好人士共100多人。[1]

在民间频繁交流的过程中，中美之间的官方接触也在秘密开展。

1971年7月9日至11日，美国总统特使基辛格秘密访问北京。周恩来、叶剑英等先后同基辛格举行6次会谈，着重谈了台湾问题以及尼克松访华时间等。7月16日，中美双方同时发表公告宣布，尼克松将于1972年5月以前的适当时间访问中国。[2] 1971年10月20日至26日基辛格第二次来华访问，为尼克松访华作具体安排，并就尼克松访华的中美联合公报问题进行谈判。这次是基辛格一行首次经由上海出入境。

1972年2月21日上午9时，尼克松一行抵达上海虹桥机场，在虹桥机场稍事停留后飞往北京。到机场迎接尼克松一行的有，外交部副部长乔冠华、外交部欧美司章文晋和礼宾司王海容，以及上海市革委会的领导。在他们的陪同下，尼克松一行步入候机大厅时，迎面看到了大厅墙上悬挂的按毛泽东手迹放大复制的巨

---

1. 《上海外事志》编辑室编：《上海外事志》，上海社会科学院出版社1999年版，第617—618页。
2. 中共中央文献研究室编：《周恩来年谱（1949—1976）》下卷，中央文献出版社1997年版，第467—468页。

幅七言律诗《长征》。尼克松移步近前端详。他对中方人士说，基辛格曾向他介绍过毛主席的书法，他还问了毛主席的这首诗是何时所作。在机场休息时，尼克松及美方随行人员说机场环境整洁、清新，接待他们的工作安排周到，井井有条。尼克松夫人说，他们一进中国境内，在飞机上看到中国广袤的绿色大地，就感到很美，相信中国农村的庄稼一定长得很好。[1]

是日 11 时 30 分，尼克松一行到达北京。当天下午，毛泽东在中南海游泳池住处会见尼克松，这是中华人民共和国成立后中美两国最高领导人的首次会晤。此后 4 天，周恩来同尼克松举行了四次会谈。2 月 26 日，尼克松一行由周恩来总理陪同飞抵杭州，游览了西湖等地。2 月 27 日，尼克松一行在周恩来总理陪同下抵达上海，除参观游览外，尼克松一行到上海的重要内容就是与中方签署、公布联合公报。

尼克松一行抵达上海后，中美双方负责公报具体起草工作的乔冠华和基辛格又用了两个半小时检查新完成的文本，逐字逐句读了一遍，甚至核对了标点符号，并做了一点文体上的改动。[2] 至此，中美双方达成《中华人民共和国和美利坚合众国联合公报》，即后来通称的《上海公报》。27 日下午 5 时许，基辛格于锦江饭店小礼堂就双方会谈的这一成果举行了记者招待会。28 日，周

1. 《上海外事志》编辑室编：《上海外事志》，上海社会科学院出版社 1999 年版，第 619—620 页。
2. ［美］亨利·基辛格著，范益世、殷汶祖译：《白宫岁月：基辛格回忆录》第 4 册，世界知识出版社 1980 年版，第 43 页。

恩来在上海锦江饭店同尼克松举行第五次会谈。随后，尼克松结束访华回国。同日，《中华人民共和国和美利坚合众国联合公报》正式公布，两国开始走向关系正常化。[1]

二、有限拓展的中外交流活动

在中美关系解冻的推动下，中国又先后同比利时、日本、联邦德国、澳大利亚和新西兰等一批国家建交，中英和中荷外交关系从代办级升格为大使级。至 1973 年底，中国已基本上同美国以外主要资本主义发达国家建立外交关系，中国对外关系取得空前的改善。外交关系的改善给上海带来最直接的改变就是越来越多的外国友人访问，加大了这座城市的开放度，也使得外界越来越了解上海，越来越了解中国。

《上海公报》签订一周年之际，中美双方各自在对方首都设立联络处。随着中美交往的逐步增进，美国各界与上海的接触频繁起来。从 1972 年年中到 1973 年年中，来上海访问的美国人已有近千人，比上一年度增加 5 倍。其中有美国工人代表团、妇女代表团、美国黑豹党代表团、美国关心亚洲学者委员会友好访华团、美中关系全国委员会学者访华团、美国报纸主编协会访华团和一些新闻界人士——美联社社长加拉格尔和董事会主席米勒一行、合众国际社社长比顿、《纽约时报》助理主编索尔兹伯里和

---

1. 中共中央文献研究室编：《周恩来年谱（1949—1976）》下卷，中央文献出版社 1997 年版，第 514—515 页。

外事专栏作家苏兹贝格、前英文版《密勒氏评论报》主编鲍威尔夫妇，以及哈佛大学教授费正清夫妇，以雷诺斯为团长的耶鲁大学5位经济学家，作家杰克·贝尔登、巴巴拉·塔克曼、维特克等。双方开始了各个领域的接触和交流。1973年9月，美国费城交响乐团来上海访问演出，这是美国著名大型文艺团体首次访华，上海是他们的入境口岸和访华之行最后一站。许多团员在上海谈了他们对中国的难忘印象和对美中建立友好关系、增进友好交流的愿望。

同年，美中关系协会和美中学术交流委员会分别组织第一个医学代表团和第一个科学家代表团来访，进行专业参观和考察，并举行生物化学、高能物理以及医学等多种学术报告和座谈。此后，美国学者、科学家、作家的来访络绎不绝。上海外事部门于1972年加强了接待和协调处理外籍人士和华侨事务的机构，随后又恢复了中国旅行社，并按国家的国籍、侨务政策，不断改善和加强对外籍人士和旅外华侨在沪眷属的工作，对于他们在上海的探亲会友和参观交流活动认真提供各种方便和协助。1972年，以物理学教授任之恭为团长、由12位在美国大学中任教或从事各种科研工作的学者组成的美籍中国学者参观团在上海访问期间，短短3天内共会见阔别多年的亲友49人，并与各方面人士广泛接触，分别举行了14次学术报告会和专业座谈。[1]1972年一年，

1. 《上海外事志》编辑室编：《上海外事志》，上海社会科学院出版社1999年版，第621—624页。

有 585 名美籍华人来沪访问。1973 年以后，来访的美籍华人更是逐年增多，到 1978 年已达 2 835 人。[1]

三、上海舞剧团与中日两国关系正常化

中美《上海公报》公布后，日本受到极大震动，日本国内朝野各界强烈要求尽快与中国建交。1972 年 9 月 25 日，日本新任首相田中角荣来华访问。毛泽东会见了日本客人，周恩来同田中首相举行了会谈。9 月 29 日，中日双方签署建立外交关系的联合声明，宣告中日正式建交。其实，在中日邦交正常化的过程中，中日民间交往一直没有停止过。

在中日正式建交前，双方民间往来就已很常见，尤其是双方文化团体的往来更是频繁。其中，在日本来访的民间文化团体中，有一支松山芭蕾舞团，该团屡次造访中国，以芭蕾舞剧的形式促进了两国人民的友好往来。

清水正夫和松山树子于 1948 年共同创立了松山芭蕾舞团。1953 年底，中国戏剧家协会主席田汉给松山芭蕾舞团寄去了厚厚的歌剧《白毛女》剧本、乐谱及舞台剧照。日本作曲家林光参考歌剧《白毛女》的乐谱，创作了芭蕾舞剧《白毛女》的音乐。清水正夫亲自改编剧本，扮演喜儿的松山树子设计了银灰布料的贴身舞台装，用剪出的毛边来表现破衣烂衫。1955 年 2 月 12 日，松山芭蕾舞团在东京日比谷公园会堂第一次演出芭蕾舞剧《白

---

1. 熊月之：《1970 年外事接待档案解读》，《世纪》2020 年第 1 期。

毛女》。

1958年3月，松山芭蕾舞团来中国演出。13日，芭蕾舞剧《白毛女》在北京舞台首度亮相。松山芭蕾舞团首次访华历时近两个月，回到日本正逢"五一"国际劳动节，松山芭蕾舞团随即投身纪念活动，打出"早日恢复日本与中国邦交"的标语。这是关于日本民间团体主张恢复日中邦交的最早文字记录。[1]

松山芭蕾舞团出演《白毛女》

1964年10月松山芭蕾舞团第二次访华，演出根据日本历史故事改编的《祇园祭》。11月1日晚上，毛泽东和江青、刘少奇和王光美以及周恩来等，同阿富汗国王查希尔和王后、马里总统凯塔和夫人一起观看日本松山芭蕾舞团演出的日本芭蕾舞剧《祇园祭》。[2]

1. 《"我是最爱中国的日本人"——缅怀松山芭蕾舞团理事长清水正夫》，《人民日报》2008年7月8日，第14版。
2. 中共中央文献研究室编：《毛泽东年谱（1949—1976）》第5卷，中央文献出版社2013年版，第428—429页。

松山芭蕾舞团对中国的访问不但促进了彼此交流，而且也让中国芭蕾舞工作者开始构思创作属于自己的芭蕾舞剧，尤其是松山芭蕾舞团成功地把中国的歌剧《白毛女》改编成了芭蕾舞剧，这给中国的舞剧人员很大的刺激和鼓舞。1960年上海舞蹈学校成立，为中国的芭蕾舞剧《白毛女》的诞生做好了准备。1964年松山芭蕾舞团第二次访问中国期间，我国自己创作的芭蕾舞剧《红色娘子军》在北京上演并取得巨大成功。1965年，上海舞蹈学校芭蕾专科的师生成功把《白毛女》搬上芭蕾舞台。[1]

1966年下半年，松山芭蕾舞团第三次来访中国。他们到上海的目的主要就是观摩上海舞蹈学校演出的芭蕾舞剧《白毛女》。清水正夫盛赞了上海这一创作的思想性、艺术性。全体团员在观摩中仔细做记录，包括场记、布景、服装、音乐和剧中主要角色的舞蹈动作，并与上海《白毛女》剧组就创作构思、创作过程和塑造人物的思想感情与体会等进行多次座谈。[2]之后松山芭蕾舞团到访上海，都会与上海舞蹈学校就《白毛女》等芭蕾舞剧展开交流、讨论。1971年11月，松山芭蕾舞团到访上海。他们在上海演出了四场芭蕾舞剧《白毛女》，两万多观众观看了他们的精彩演出。其间，他们专程访问上海舞蹈学校，观看学生和演员们上课、练功的情形，松山树子热情地对演员们进行艺术指导。松山芭蕾舞团一行还观看了上海舞蹈学校排演的芭蕾舞剧《白毛女》。[3]

---

1. 邹之瑞：《新中国芭蕾舞史》，清华大学出版社2013年版，第45页。
2. 《上海外事志》编辑室编：《上海外事志》，上海社会科学院出版社1999年版，第562页。
3. 《日本松山芭蕾舞团在上海访问演出》，《人民日报》1971年11月24日，第6版。

1972 年 2 月，中共中央决定，让因演出芭蕾舞剧《白毛女》而名声大振的上海舞剧团于夏天访问日本，通过演出推进中日友好邦交。赴日本公演决定之后，团员们在上海开始集中排练。4 月中旬，剧团移到北京继续排练。[1]5 月，剧团赴朝鲜访问一月。[2]回北京后，剧团便专心为访日做准备。

1972 年 7 月 5 日，执政的日本自民党改选总裁，田中角荣以恢复日中邦交为政纲当选为总裁，7 月 7 日出任首相，组成新内阁。田中角荣在组阁后发表谈话，表示充分理解中国方面提出的中日复交三原则。田中内阁成立后第三天，7 月 10 日晚上，上海舞剧团分三个航班，从香港陆续抵达东京羽田机场。上海舞剧团受到日本各界朋友、旅日朝侨和爱国华侨两千多人的热烈欢迎。[3]

为使上海舞剧团顺利演出，松山芭蕾舞团全程陪同，担负着主人、导游、演员、安保多重角色。7 月 11 日下午，上海舞剧团在他们下榻的东京新大谷饭店举行首次记者发布会。出席发布会的有领队孙平化、主要演员、导演、指挥家、歌唱家等 23 人。记者的提问主要有两个方面，一个是革命现代芭蕾舞的"艺术"问题，另一个是日中邦交正常化的"政治"问题。[4]7 月 12 日，日

1. NHK 采访组著，肖红译：《周恩来的决断：日中邦交正常化的来龙去脉》，中国青年出版社 1994 年版，第 38—39 页。
2. 《圆满结束对朝鲜的访问 中国上海舞剧团回到北京》，《人民日报》1972 年 6 月 12 日，第 4 版。
3. 《带着中国人民对日本人民的深情厚谊 我上海舞剧团抵达东京受到热烈欢迎》，《人民日报》1972 年 7 月 12 日，第 6 版。
4. ［日］山田晃三：《〈白毛女〉在日本》，文化艺术出版社 2007 年版，第 190—191 页。

中文化交流协会和朝日新闻社在东京举行酒会欢迎上海舞剧团。7月14日晚，上海舞剧团在东京日生剧场举行访日演出开幕式和首演，剧目是芭蕾舞剧《白毛女》、钢琴协奏曲《黄河》。中岛健藏、白石凡、西园寺公一等1 200多名观众观看了演出。演出结束时，红色的天幕上映出了"中日两国人民友好万岁"的字样。[1]

《我上海舞剧团举行访日演出开幕式和首次演出》，《人民日报》1972年7月15日

---

1. 《我上海舞剧团举行访日演出开幕式和首次演出》，《人民日报》1972年7月15日，第5版。

第三章

曲折徘徊中行进（1966—1978）

当孙平化率领上海舞剧团在日本展开演出、与日本社会各界人士沟通时，在北京，周恩来等也在商讨如何落实中日建交。7月16日，周恩来同廖承志等会见了日本社会党副委员长、众议员佐佐木更三，就促进实现中日邦交正常化阐明看法。周恩来说：如果现任首相、外相或其他大臣来华谈恢复日中邦交问题，北京机场准备向他们开放。当佐佐木提出田中等打算来华"谢罪"时，周恩来说：现在我们应该向前看，而不应该向后看，要解决今后的问题。田中政府采取这样向前看的政策，反映了广大人民的愿望。恢复中日邦交，是两国人民长期的愿望，是历史发展的必然趋势。[1]

上海舞剧团也在日本连续上演芭蕾舞剧《红色娘子军》《白毛女》以及钢琴协奏曲《黄河》，赢得了日本观众的喜爱。到7月21日，在东京日生剧场，已有8 000多名日本观众观看了六场《白毛女》和一场《红色娘子军》。[2]7月23日，上海舞剧团到达大阪，与日本当地演员、观众进行联欢。7月24日晚，上海舞剧团一行参加了日本关西地区友好团体和各界人士在神户市举行的酒会，开始了对关西地区的访问演出。

7月26日，周恩来先后召集姬鹏飞、乔冠华、廖承志等谈话，随后偕他们前往毛泽东处汇报中日邦交正常化问题。8月14日，上海舞剧团在结束了访日演出后，在东京新大谷饭店举行盛

1. 中共中央文献研究室编：《周恩来年谱（1949—1976）》(下)，中央文献出版社1997年版，第536—537页。
2. 《我上海舞剧团在东京演出〈红色娘子军〉》，《人民日报》1972年7月23日，第5版。

《我上海舞剧团在东京演出〈红色娘子军〉》,《人民日报》1927 年
7 月 23 日

大告别酒会,答谢日本各界朋友。正在外地的外务相大平正芳特
意派人打来电话致意。8 月 15 日下午,田中角荣在东京帝国饭店
接见孙平化和萧向前。田中首相对周恩来总理欢迎并邀请他访问
中国表示衷心的感谢,并表示希望他同周恩来总理的会谈将取得
丰硕的成果。[1]

　　上海舞剧团圆满完成任务回到上海,孙平化的任务却还没有

---

1. 《日本首相田中角荣接见孙平化萧向前　对周总理欢迎并邀请访华表示衷心感谢》,《人
民日报》1972 年 8 月 16 日,第 3 版。

完成。孙平化回到上海只住了一夜就接到周恩来的电话指示，要他立即飞回北京向他汇报。[1]8月20日，周恩来和郭沫若、廖承志会见了日中文化交流协会理事长中岛健藏和夫人，以及其他日本朋友。[2]此时，中日建交已瓜熟蒂落了。

9月25日，田中首相、大平外务大臣、二阶堂进官房长官等一行49人到达北京，周恩来等在机场迎接。经过四次首脑会谈、三次外长会谈，双方最终达成全面协议。其间，田中首相在27日晚上到毛泽东在中南海的住处，与毛泽东会谈一小时，并获赠六卷本《楚辞集注》。9月29日，双方在人民大会堂签署《中华人民共和国政府和日本国政府联合声明》，实现邦交正常化。[3]签署《联合声明》后，田中首相一行在周恩来和姬鹏飞等陪同下抵达上海进行了一天的访问。上海市领导人和三千市民在机场热烈欢迎。田中一行从机场直抵上海县马桥人民公社参观，并游览了闵行工业区。中日邦交正常化后，日本各界出现了与中国发展友好关系的新高潮。1973年11月、1974年4月，上海与日本横滨市、大阪市先后结为友好城市。[4]芭蕾舞的访问交流推进了中日两国关系正常化，由民间外交到国与国的外交，上海为新中国的外交事业做出了应有的贡献。

---

1. 孙平化：《周恩来总理与中日邦交正常化》，《亚太研究》1992年第5期。
2. 中共中央文献研究室编：《周恩来年谱（1949—1976）》（下），中央文献出版社1997年版，第545页。
3. 王新生：《战后日本史》，江苏人民出版社2013年版，第230页。
4. 《上海外事志》编辑室编：《上海外事志》，上海社会科学院出版社1999年版，第566—568页。

第四章　整治行装再出发

（1978—1990）

1978—1990

1978 年 12 月中共十一届三中全会以后，全党全国的工作重点开始转移到社会主义现代化建设上来，中国进入一个以改革开放为核心要义的崭新历史时期。根据中央确定的经济体制改革的基本任务和政策，上海先农村、后城市，有领导、有步骤地进行了多方位的改革开放，尤其是在 1984 年被确认为我国 14 个沿海对外开放的港口城市之一后，其外部联系、制度环境都发生了重大变化，城市建设与发展的动力也发生了重大改变。

　　我国的改革开放，一开始实行的是混合扫描式的决策模式，即将构思宏大、但细部不甚清晰的战略目标与当下有效的战术行为有机结合起来，将战略的理性主义与战术的渐进主义有机地结合起来。实现现代化是宏大的战略目标，"三个有利于"是衡量实践是非的准绳，[1] 开放特区、吸引外资等则是渐进主义的战术行为。改革重点的选择，既取决于整体战略的需要，也取决于已有的客观条件。1980 年 5 月，中央决定将深圳、珠海、汕头和厦门辟为特区，目的在于建立我国对外开放的先行先试区域，参与国际交换的通道。改革开放前夕的上海，是中国最重要的经济中

---

1. 1992 年年初，邓小平在视察南方时，针对一段时期以来人们在改革开放问题上迈不开步子，不敢闯，以及理论界对改革开放性质的争论，指出："判断的标准，应该主要看是否有利于发展社会主义社会的生产力，是否有利于增强社会主义国家的综合国力，是否有利于提高人民的生活水平。"从此，三个"有利于"成为人们评判改革开放工作是非得失的根本标准。

心城市，既为全国各地提供大量工业产品，也是中央财政主要来源。1980 年，上海市完成财政收入 174.73 亿元，占当年全国财政收入的 15.06%；1980 年上海市地方财政支出仅为 19.18 亿元，在上海市财政收入中仅占 10.98%。相比之下，广东省 1980年财政收入为 36.10 亿元，在全国财政收入中占 3.11%；当年广东的地方财政支出为 26.18 亿元，在当年广东地方财政收入中占72.52%。1979 年，上海有工业企业 6 770 家，工业总产值 514.01亿元；当年广东有工业企业 20 291 家，但工业总产值只有 221.46亿元。当年上海的工业总产值占全国工业总产值的 10.98%，而广东只占 4.73%。[1] 选择岭南诸地而非东海之滨作为改革开放试验区，符合阻力最小原则。

上海是传统计划经济及其相关体制、机制最为完备的地方，也是这些体制、机制与相关利益、观念有机地融为一体的地方。在这样一个城市实施改革开放，往往牵一发而动全身，比较容易探及计划经济体制的深层次问题，可能会遇到更多阻力；而深圳等地与计划经济体制的关联度远不及上海这么全面、紧密。所以，从全国大局来看，从确保改革开放只能成功不能失败的战略部署来看，选择广东等地而不是上海作为改革开放试验区，是十分必要的，也是完全正确的。[2]

1. 数据采自国家统计局国民经济综合统计司：《新中国五十年统计资料汇编》，中国统计出版社 1999 年版；参见王志平：《关于上海发展战略演进的回顾与思考》，《上海行政学院学报》2008 年第 3 期。
2. 上述关于改革采取风险最小原则、阻力最小原则的论述，均见王志平：《关于上海发展战略演进的回顾与思考》，《上海行政学院学报》2008 年第 3 期。日后，（转下页）

综观整个上海的改革开放史，以 1990 年浦东开发开放作为第一分期节点是最符合历史本真的选择。在 1990 年之前，上海作为计划经济的大本营、中央财政的主要来源、国有企业的集中之地，实际上充当了全国改革的"后卫"而非"前锋"的角色：改革滞后，开放不足。

20 世纪 80 年代，由于计划经济的强大惯性，上海经济增速低于全国平均增速，又因广东、江苏等地的快速发展，上海 GDP 在全国 GDP 中的比重有所下降。但是由于上海的重要地位，国家对上海的高度重视与政策扶持，上海在发展战略方面总是登高望远。所以，暂时的经济发展放缓并没有对上海城市的中心地位有丝毫动摇。相反，一方面，上海通过进口替代战略的实施，发展了石化、钢铁以及机械设备等支柱性工业，奠定重化工业的发展基础；通过扩大企业经营自主权，增强国有大中型企业活力，逐步形成产权清晰、权责明确、政企分工、管理科学的现代企业制度框架；另一方面，通过实行向国家上缴财政"大包干"的办法，上海发展获得了财政政策的松绑，为 90 年代的快速发展奠定了基础。

从总体上说，国家实施一系列改革开放政策以后，一下子激活了上海人的历史记忆，极大地刺激、振奋了上海人更快、更好、更开放地发展上海的信心。20 世纪 80 年代的上海，稳住了

（接上页）邓小平曾表示，上海开发晚了是个失误，"我的一个大失误就是搞四个经济特区时没有加上上海"。他说此话意在强调开发开放上海的紧迫性。

第四章
整治行装再出发（1978—1990）

中国国有经济"重镇"和工业中心城市这个大后方，贡献了全国财政收入的七分之一，担负起全国东南沿海地区推进改革开放的"后卫"，有力保障了我国改革开放的顺利推进。[1]

---

1. 陈群民等:《进一步深化改革开放，加快全球城市的构建——上海改革开放的基本经验、面临环境与总体思路》,《科学发展》2009 年第 6 期。

第一节　拨乱反正

政治稳定是其他一切稳定的保障。上海曾是"四人帮"进行阴谋活动的重要基地，也是受到严重破坏的"重灾区"。粉碎"四人帮"后，特别是中共十一届三中全会以后，上海广大干部群众强烈要求纠正"文革"的错误理论和实践，端正思想路线，通过正义的审判，拨乱反正，彻底扭转了十年动乱造成的严重局面。

1979年12月，上海市七届人大二次会议决定将市革命委员会改为市人民政府。新的人民市政府建立后，一方面根据当时政府工作的需要，恢复或增设了一批工作机构；另一方面按照中央有关改革政治体制、整顿人员编制的规定，本着"精简、统一、效能、节约"的原则，对政府机构设置和人员编制进行整顿、改革。随着经济体制改革的开展，按照"政企分开"的原则，20世纪80年代中期上海逐步转变政府职能，简政放权。

一、平反、纠错、昭雪、审判

粉碎"四人帮"后，中共中央决定对原上海市委进行改组，任命苏振华兼任中共上海市委第一书记、市革委会主任，倪志福兼任中共上海市委第二书记、市革委会第一副主任，彭冲任上中共上海市委第三书记、市革委会第二副主任。撤销张春桥、姚文元、王洪文在上海的党内外一切职务。

过往十年发生了无数的冤、假、错案，因此，平反假案、纠正错案、昭雪冤案、审判罪人，这不仅是拨乱反正的重要内容，也是落实干部政策、调动千百万人积极性的需要，更是宣告与过去错误的决裂、迈向改革开放的证明。

至 1978 年，上海在"文革"中被立案审查的 9.77 万名干部，经复查，92% 得到平反纠正。对历史遗留的冤、假、错案也进行比较彻底的复查办理；"反右"运动中被错误处理的 1 605 人全部平反纠正；3.1 万多件"四清"运动的案件，复查后据实纠正 60%；因其他政治运动和原因被立案审查的 21 584 名干部，复查后平反纠正 14 996 名；对因政治历史问题受限制使用的 2 167名干部分别予以解除、撤销限制。上海各级法院对"文革"期间判处的反革命案件和刑事案件进行全面、深入的复查。至 1980年 6 月，在判处的反革命案件中，纯属冤、假、错案，予以全部平反的占 70.7%；部分事实失实或定性不当，予以部分纠正的占19.5%。在判处的刑事案件中，属于错案或部分事实失实，予以改判的占 9.3%。从 1979 年 1 月至 1985 年 8 月，上海各级法院还认真复查统战方面的申诉案件 2 842 件，改判的反革命案件占80.8%，改判的普通案件占 19.2%，合计占复查处理申诉案件总数的 76.1%。[1]

1979 年 1 月 4 日，中共中央正式转发上海市委《关于解决所谓"一月革命"问题的请示报告》，对"一月革命"被定为反

---

1. 熊月之主编：《上海通史·第 11 卷·当代政治》，上海人民出版社 1999 年版，第 282—283 页。

革命性质，予以彻底否定。1980年11月20日下午3时，10名林彪、江青反革命集团的主犯被押上特别法庭，最高人民检察院检察长黄火青宣读《中华人民共和国最高人民检察院特别检察厅起诉书》。经过两个多月的审讯，中华人民共和国最高人民法院特别法庭于1981年1月25日宣布江青、张春桥被判处死刑，缓期两年执行，剥夺政治权利终身；姚文元被判处有期徒刑20年，剥夺政治权利5年；王洪文被判处无期徒刑，剥夺政治权利终身。[1]"四人帮"反革命集团的主犯江青、张春桥、姚文元、王洪文都是从上海发迹的，上海也是他们一伙倒行逆施的舞台和"重灾区"，上海人民对他们的审判格外关注。

最高人民法院特别法庭对林彪、江青反革命集团10名主犯判决后，上海市公安局即组织专门人员对江青反革命集团在上海的重要案犯徐景贤、王秀珍和陈阿大、叶昌明、黄金海、戴立清、马振龙、朱永嘉等进行侦查、预审，并于1982年3月底4月初分别移送检察机关。上海市人民检察院及分院经过审查、讯问，确认8名案犯的犯罪事实清楚、证据确凿充分，应依法追究刑事责任。同年6月26日和7月2日，上海市人民检察院和分院分别向上海市最高人民法院、中级人民法院对8名被告提起公诉。8月21日，上海市高级人民法院判处徐景贤有期徒刑18年，剥夺政治权利4年；判处王秀珍有期徒刑17年，剥夺政治权利4年。8月23日，上海市中级人民法院判处陈阿大、马振龙有期徒

---

1. 《历史的审判》编辑组编：《历史的审判》，群众出版社1981年版，第180页。

第四章
整治行装再出发（1978—1990）

刑 16 年，剥夺政治权利 3 年；判处叶昌明、黄金海、戴立清有期徒刑 15 年，剥夺政治权利 3 年；判处朱永嘉有期徒刑 14 年，剥夺政治权利 3 年。另一重要案犯马天水，因在关押期间患反应性精神病，丧失供述、申辩能力，经司法医学鉴定属实，上海市公安局依法中止预审，待病愈后再予追究。[1]

二、政治文明建设

粉碎"四人帮"后，上海市的政权建设也进入新的时期。

中共上海市委虽然仍沿用"文革"期间的名称，但上海市革命委员会的性质已发生了根本的变化。新一届上海市委针对市革委会内部机构"大组套小组，上下都是组"的形式进行较大的调整。自 1977 年 11 月开始，市委恢复建立市委办公厅、组织部、宣传部、统一战线工作部、调查部和市委党校等工作部门；同时将市革委会的组、办改委、办，建立委、办党组代行党委职权。1979 年 1 月后，中共中央决定苏振华、倪志福调离上海，任命彭冲为市委第一书记。其后，在 20 世纪 80 年代，陈国栋、芮杏文、江泽民、朱镕基相继被任命为中共上海市委书记。

人民代表大会制度是中华人民共和国的根本政治制度。上海市人民代表大会（简称市人大）由于"文革"中断活动达 11 年之久，在粉碎"四人帮"后，上海各级人民代表大会重新恢复活

---

1. 熊月之主编：《上海通史·第 11 卷·当代政治》，上海人民出版社 1999 年版，第 284—285 页。

动。1979 年 12 月，上海市第七届人民代表大会第一次会议召开，选举出上海出席第五届全国人大的代表 182 人；第二次会议选举产生上海市第七届人民代表大会常务委员会，并作为上海市人大常设机关。同时，根据中央有关县以上地方人民代表大会设立常务委员会的规定，于 1980 年上半年，上海各区、县陆续召开第七届人民代表大会的第一次会议，选举产生各自的常务委员会。市、区、县人大常委会都按期换届选举。市、区、县人大常委会按照实际需要，逐步建立和健全工作机构，听取和审议政府、法院、检察院的工作报告，讨论、决定重大事项，并依法决定人事任免事项。同时，上海人大及常委会还根据法律赋予的重任，制定地方性法规。从 1980 年 1 月至 1989 年 5 月，上海市人大及其常委会共制定地方性法规 48 个，修改法规和作出法律性质的决议、决定 35 个。

1979 年 12 月，上海市第七届人民代表大会第二次会议按照第五届全国人民代表大会常务委员会第十一次会议通过的决议，将上海市革命委员会改为上海市人民政府，恢复行使上海地方国家行政机关的职能，由市长、副市长和秘书长、局长、委员会主任等组成。[1] 会议选举彭冲为上海市市长。其后，在 20 世纪 80 年代，汪道涵、江泽民、朱镕基相继当选为上海市市长。根据 1982 年修改并重新颁布的《中华人民共和国地方各级人民代表大会

---

1. 《上海通志》编纂委员会编：《上海通志》第 2 册，上海社会科学院出版社、上海人民出版社 2005 年版，第 846 页。

和地方各级人民政府组织法》规定，地方各级人民政府的职权：（1）执行本级人民代表大会和它的常务委员会的决议，以及上级国家行政机关的决议和命令，规定行政措施，发布决议和命令。省、自治区、直辖市以及省、自治区的人民政府所在地的市和国务院批准的较大的市的人民政府，还可以根据法律和国务院的行政法规制定规章。（2）领导所属各工作部门和下级人民政府的工作。（3）改变或者撤销所属各工作部门的不适当的命令、指示和下级人民政府的不适当的决议、命令。（4）依照法律的规定任免和奖惩国家机关工作人员。（5）执行国家经济计划和预算，管理本行政区域内经济、文化建设和民政、公安等工作。（6）保护社会主义的全民所有的财产和劳动群众集体所有的财产，保护公民私人所有的合法财产，维护社会秩序，保障公民的人身权利、民主权利和其他权利。（7）保障农村集体经济组织应有的自主权。（8）保障少数民族的权利和尊重少数民族的风俗习惯，省人民政府帮助本省各少数民族聚居的地方实行区域自治，帮助各少数民族发展政治、经济和文化的建设事业。（9）保障妇女同男子有平等的政治权利、劳动权利、同工同酬和其他权利。（10）办理上级国家行政机关交办的其他事项。

上海市政治协商委员会（简称市政协）是中国人民政治协商会议的上海市地方组织，是上海人民的爱国统一战线组织，是中共上海市委领导的多党合作和政治协商的重要机构，是上海人民政治生活中发扬社会主义民主的重要形式。1966年8月起，市政协被迫中止活动，"文革"结束后逐步恢复。1977年12月，政协上海市第五届委员会成立，并立即召开第一次会议，委员627人，选举彭冲为主席，选出副主席、秘书长和常务委员114名组成市政协五届常委会。[1] 市政协在协助中共上海市委和市人民政府拨乱反正、落实政策及在改革开放、经济建设为中心方面，均积极发挥政治协商、民主监督的职能，开创了政协工作的新局面。1979年召开的政协五届二次会议，王一平担任主席；其后，上海市政协第六届、第七届委员会，分别由李国豪、谢希德担任主席。

中共上海市委、人大、政府和政协四套班子在20世纪70年代末悉数恢复正常工作，带领改革开放中的上海乘风破浪。

第二节　勇毅改革

中国改革开放初期的两个亮点，一在农村，二在特区。上海农业生产的家庭联产承包责任制起步于1979年上半年，主要以"四定"（定生产任务、定质量标准、定完成时间、定工分报酬）为主要内容，以改革"大寨式"评工记分制度为突破口，初步改变"文革"时期盛行的"大概工"计酬方法，探索建立农业生产责任制。但对于工业化比重相对较高、农村集体经济发育相对较高的上海而言，家庭联产承包责任制本身并没有给人们带来太多

---

1. 全国政协研究室编：《中国人民政治协商会议要事汇编（1988—1992）》，中国大地出版社1993年版，第425—426页。

惊喜；较之，乡镇企业轰轰烈烈地发展，积极投入市场竞争，倒是给国有企业上了一课。

改革开放至此，国有企业改革一直是重点领域和重点工作，也是社会热点和敏感话题。上海作为新中国工业体系最完整、计划体制最完善、经济规模最庞大的地区，要进行实质意义的改革突破，关键在于搞活数量众多的国有企业。1979年4月，国家经济委员会在上海选择上海柴油机厂、上海汽轮机厂和彭浦机器厂作为利润留成、扩大企业经营自主权的试点单位，从而拉开了上海城市经济体制改革的帷幕。1984年、1985年，上海逐步推进"利改税"改革，调整了政府与国有企业的分配关系，由过去税利全部上缴财政和投资全部由财政拨款，改为不同形式的"包干"，在一定程度上理顺了国有企业与政府的关系，为推进政企分开打下了重要基础。1986年以后，以"深化国企所有权层面改革"为特点的试点股份制改革，在大中型国企实行承包经营责任制；相继建成了金山石化二期、桑塔纳轿车生产线等一批极具竞争力的骨干工程，同时新建了铁路新客站（即上海站）、扩建改造虹桥机场国际候机楼等大型市政设施。

上海通过贯彻国民经济"调整、改革、整顿、提高"的方针，深化经济体制改革，扩大对外开放，全面完成了第五、第六个五年计划，1988年上海国民生产总值达到648.3亿元，国民收入达到566.21亿元，均比1978年增长1.2倍；经济结构得到了较大的调整，工业生产持续稳定增长，1988年全市工业生产总值首次突破 1 000 亿元大关，达到 1 082.7 亿元，比 1978 年增长 1.1 倍；第三产业有了相对较快的发展，平均年增长 11.3%，高于 GDP 年均 8% 的水平；即使在 100 多万农村劳动力转移到非农产业的情况下，农产品商品率也由 1978 年的 57% 上升到 1988 年的 75.8%。[1] 但总体而言，上海作为计划经济较为典型的城市，受到财政统收统支和原材料不足等因素的影响，经济增速低于全国平均水平，更远低于发展外向型经济的广东和发展乡镇企业的江苏、浙江，上海的发展甚至可以说是落后于全国。

一、工业巨头的诞生

新中国成立后的前 30 年，上海工业进步主要依靠老企业的挖潜、革新、改造。十一届三中全会以后，上海将工业投资集中在改造传统产业，培育支柱产业上。从 1984 年开始，上海对汽车、电站设备、钢铁、石油化工、轮胎、家用电器等九大行业、40 种大类产品和 161 个骨干企业进行重点改造。[2] 1986 年 5 月，上海确定重点发展以宝钢为主的钢铁业、以石油化工为主体的新兴材料业、汽车制造业、飞机制造业、电子工业、电站设备制造六大产业，在光纤通信、激光、生物工程、新能源等新兴技术领域方面将有所突破。1988 年，桑塔纳轿车及其配套国产化、程控

---

1. 陈沂主编：《当代中国的上海》(上)，当代中国出版社、香港祖国出版社 2009 年版，第 286—287 页。
2. 上海市经济委员会、中共上海市委党史研究室编：《上海工业结构调整》，上海人民出版社 2002 年版，第 40 页。

电话交换及配套元件国产化、数控精密组合机床和 60 万千瓦核电设备等 14 项工业项目被列为重点技术攻关项目。

1. 上海大众汽车有限公司

汽车工业是现代工业的代表之一。上海的汽车工业起步于 20 世纪 50 年代，1958 年上海试制成功了第一辆凤凰牌轿车。原有汽车生产企业数量多、规模小、技术层次低，发展比较缓慢。1978 年以后，上海率先走上引进技术、合资经营的道路。1984 年，中德合资的上海大众汽车有限公司成立，标志着上海的汽车工业开始进入高速发展的快车道。

上海大众汽车有限公司是中国最早成立的中外合资轿车生产企业，由上海汽车拖拉机工业联营公司、中国汽车工业公司、中国银行上海信托咨询公司同联邦德国大众汽车公司共同投资，中德双方的投资比例为各 50%。在中方持有的 50% 股份中，上海汽车拖拉机工业联营公司占 25%，中国银行占 15%，中国汽车工业公司占 10%。1984 年 10 月 10 日，合资四方在北京人民大会堂签署合资协议；1985 年 3 月 21 日，上海大众汽车有限公司正式挂牌成立，引进大众公司技术，生产桑塔纳系列轿车；1990 年 4 月 18 日，一期工程建成投产，形成年产 3 万辆轿车、10 万台发动机的生产能力。

桑塔纳汽车在中国市场上取得了巨大的成功，成为中国汽车工业崛起的一款标志性产品。上海大众出租汽车股份有限公司 1988 年 12 月 24 日建立，1990 年时营运车辆有 900 多辆，均为红色桑塔纳车，被市民誉为"红色旋风"。

2. 上海宝山钢铁总厂

上海宝山钢铁总厂（简称"宝钢"）是新中国成立以来建设规模最大的现代化钢铁联合企业，位于上海市宝山区，北濒长江，东临宝山。1977年经中央批准建设，1978年开始施工准备。宝钢在长江口打下钢桩开工建设的日子，恰好是具有划时代意义的十一届三中全会胜利闭幕的日子。这也意味着，国门向世界打开之际，宝钢犹如一艘巨大的破冰船，撞击着层层叠叠封闭的坚冰，率先拔锚启航。引进是缩短差距的快捷途径。为了争取时间和保证质量，从硬件到软件有必要全盘引进一个现代化钢铁厂。

宝钢在建设中集中了20世纪80年代初世界钢铁工业的新技术，成套设备大部分从日本引进，也有一些从西德引进。一期工程主要生产设施有：原料码头、炼焦、炼铁、炼钢、无缝钢管等22个单元，二期建设项目原定有二号高炉系统、连铸等单元。一、二期工程分别在1985年9月、1991年6月全面投产后，形成年产铁650万吨、钢671万吨的生产能力。宝钢的建设过程既是一个引进技术设备的过程，更是一个消化和吸收外国先进技术、自力更生奋发图强的过程。一期工程项目中几乎所有设备都是从国外引进的。在二期工程中，宝钢的工程技术人员就开始参与设计、合作制造，主体项目冷轧、热轧、连铸生产流水线的设备，国内制造的已达44%。这正如中央领导所评价的那样：宝钢二期工程建设取得的成就是改革开放的产物，它吸收了国外钢铁工业的先进技术与管理经验；它也是自力更生的产物，倾注了中国工人、技术人员与干部的智慧和辛勤劳动。

宝钢一号高炉点火仪式

图片来源:《宝钢志》编纂委员会编:《宝钢志》,上海社会科学院出版社 1995 年版

宝钢主要产品是优质的冷轧钢板(卷)、热轧钢板(卷)、无缝钢管、化工产品等,用于汽车工业、石油工业、轻工家电工业、造船工业、建筑和机械工业等。1989 年,宝钢炼钢厂转炉炼钢 370 万吨,不仅不用一吨煤,而且每吨钢的能耗为负 1.3 公斤标准煤,实现了负能炼钢,这等于一年向社会提供了 4 800 多吨标准煤,大步跨入了世界炼钢先进行列。[1]

3. 上海石油化工总厂

上海石油化工总厂(简称"金山石化"),位于金山县境东南部。南濒杭州湾,北与山阳乡、金卫乡相连,西接浙江省平湖

---

1. 熊月之、周武主编:《上海:一座现代化都市的编年史》,上海书店出版社 2007 年版,第 573—574 页。

县界。金山石化是 20 世纪 80 年代上海上马的两个特大型工业工程项目之一，与宝钢一道被认为是上海经济建设史上的重大事件。

金山卫卫南滩地坚实，交通方便，水源充沛。经中央和上海市有关方面勘察论证后，确定在此建厂。1972 年底开始，在卫南滩地上先后 6 次围海造地。一、二两期工程建设，总投资为 45.18 亿元，建成年产 30 万吨合成纤维原料、20 万吨合成纤维以及塑料、有机化工原料和油品的大型石油化工化纤联合企业。在全国同期建设的同类型工厂中率先投产，对我国合成纤维工业的生产能力起到了突破性的作用。以年产 30 万吨乙烯装置为主体的三期工程，于 1987 年 5 月正式动工。金山石化已成为我国石油化工化纤生产的一个重要基地。

金山石化属中国石油化工总公司领导，工厂区域内有人口 8 万余人（其中常住户口 55 691 人），职工 5 万人，已初步形成一座新型的卫星城市。到 1985 年，金山石化上交的利润已超过了国家全部投资，一期工程累计实现利税 47.88 亿元，相当于国家同期投资的 2.2 倍；二期工程实现利税 6.64 亿元，为投资的 28.3%。1985 年，总厂工业总产值 26.91 亿元（按 1980 年不变价格计算，下同），产品销售收入 31.72 亿元，实现利税 10.82 亿元。[1]

---

1. 上海市金山县县志编纂委员会编：《金山县志》，上海人民出版社 1990 年版，第 343 页。

二、新兴工业区出现

1984 年中央决定开放上海等 14 个沿海城市之时，同意这些城市可以划定一个有明确地域界限的区域，兴办新的经济技术开发区。在经济技术开发区内，要大力引进我国急需的先进技术，集中举办中外合资、中外合作、外商独资的企业和中外合作的科研机构等。早在 1983 年 6 月，上海市政府就批准成立了闵行开发区和虹桥开发区。前者重点发展出口创汇工业，后者重点发展外贸。1984 年，上海又设立以发展微电子产业为主的漕河泾开发区。1986 至 1988 年间，这三个开发区获批成为国家级经济技术开发区，这也是我国第一批国家级经济技术开发区。

1. 闵行经济技术开发区

闵行经济技术开发区地处上海市西南部黄浦江上游北岸，原为农田，规划面积 3.5 平方千米。主要引进轻工、纺织、电子仪表、医药、精细化工等多种产业。至 1990 年底，外资项目累计已达 68 个，投资来源多元，有沪港合资，也有来自美国、日本、加拿大、澳大利亚、德国、泰国、新加坡和中国澳门等的投资。至 1990 年底，开发区累计投产企业已达 48 家，工业总产值 10.7 亿元，出口创汇 8 015 万美元。其中规模较大的有中美合资上海施贵宝制药有限公司、上海三菱电梯有限公司、上海施乐复印机有限公司、上海联合高级时装有限公司、上海光华爱而美特仪器有限公司等。1991 至 1995 年，开发区引进上海百事可乐饮料有限公司、强生（中国）有限公司等外资项目 62 个。

闵行经济技术开发区

图片来源:《上海城市规划志》编纂委员会编:《上海城市规划志》,上海社会科学院出版社1999年版

2. 虹桥经济技术开发区

虹桥经济技术开发区位于上海市区西部,面积0.65平方千米。开发区主要是为外国驻沪领馆人员、外商、侨胞提供办公、居住、旅游服务而新辟的以外贸为主的现代化新区,以建设楼宇项目发展第三产业为主。1983年7月,虹桥经济技术开发区首次向海外客商招商引资。至1995年,批准项目累计74项,总投资15.76亿美元。项目类别有外贸中心、综合办公楼、宾馆饭店、高级公寓以及生活娱乐服务设施。1988年,日本孙氏企业有限公司以2 800万美元获得开发区内第26号地块1.29万平方米土地50年使用权,这是中国第一块国际招标向国外企业批租的土地。至1995年,批租土地9块,面积6.75万平方米,引进外资4.5

亿美元；有注册企业 84 家；建成虹桥宾馆、银河宾馆、上海扬子江大酒店、上海太平洋大饭店以及上海国际贸易中心大厦、上海国际展览中心、上海世界贸易商城等。

虹桥经济技术开发区
图片来源：《上海城市规划志》编纂委员会编：《上海城市规划志》，上海社会科学院出版社1999年版

3. 漕河泾新兴技术开发区

漕河泾新兴技术开发区于 1986 年 9 月创办，起初名称为漕河泾微电子工业区。1988 年、1991 年经国务院批准，先后更名为漕河泾经济技术开发区、上海漕河泾新兴技术开发区。开发区在上海市区西南部，规划建设面积 5.98 平方千米，到 1995 年开发近 4 平方千米。以引进外资和国内外高新技术，发展新兴技术产业为建区宗旨和发展方向。至 1995 年，引进外资项目 189 个，

来自美国、英国、法国、德国、日本、荷兰、比利时、澳大利亚、加拿大、奥地利、意大利、西班牙、新加坡、泰国、瑞士以及中国香港、中国台湾等国家和地区，基本形成以微电子技术为先导，计算机、现代通信、生物工程、新材料、电子元器件、激光、工业自动化仪表、航空航天等新兴产业为基础的产业群体。主要的新兴技术企业群有微电子、光纤通信工程设备和现代通信技术、计算机及其软件开发、新材料新能源产业小区和生物工程基地。在开发区内投产的三资企业有 57 家。其中有名列美国《商业周刊》(*BUSINESS WEEK*)世界最大 500 家工业公司、美国《幸福》杂志 500 家企业、世界最大的 100 家综合服务公司、欧洲最大的 800 家公司等企业 19 家。

漕河泾新兴技术开发区
图片来源:《上海城市规划志》编纂委员会编:《上海城市规划志》,上海社会科学院出版社 1999 年版

除这三个经济技术开发区外，上海还加强了安亭汽车城、闵行机电工业区、吴泾化学工业区的建设，近郊工业区得以开发，卫星城镇也得到充实，并疏解了一些中心城区工业企业，为1990年代上海工业结构进行战略性调整奠定了基础。[1]

三、基础设施的焕新

城市基础设施的换代改造需要很多经费。改革开放初期的上海，财政窘迫、捉襟见肘。上海向中央提出，拟利用外资进行基础设施建设，用工业项目所赚之钱来还基础设施建设所用之钱。此议获得中央支持。1986年8月5日，国务院94号文件批准《关于上海市扩大利用外资的请示》（简称"九四专项"），原则批准上海市第一批利用外资的总规模为32亿美元（包括国内配套人民币资金），其中用于城市基础设施14亿美元、工业技术改造13亿美元、第三产业和旅游项目5亿美元。为有利于还款，同意把三个方面的项目，无论是创汇还是不创汇的、盈利还是不盈利的、短期见效还是长期见效的，都捆起来统一核算，综合开发经营，统筹还款。得此款项，上海城市基础设施的改造便有了一点施展拳脚的空间。

为了用好这笔资金，上海专门成立了久事公司。"久事"为"九四"谐音，亦寓"永久事业"这一美好愿景。正是有了这笔钱，上海到1989年底，共安排了324个项目，其中城市基础设

---

1. 王敏：《世界之城：上海国际大都市史》，格致出版社2022年版，第156—164页。

施 5 项，工业技术改造 296 项，第三产业 23 项。[1]20 世纪 80 年代，上海城市建设的标志性项目如下：

1. 虹桥国际机场旧貌换新颜

党的十一届三中全会以来，上海成为中国改革开放的前沿，这里每年有几百万名旅客从"空中大门"进出，并且客货运吞吐量以每年 20% 以上的速度递增，1978 年旅客吞吐量为 42.39 万人次，1980 年旅客吞吐量为 70.56 万人次。为了适应上海民航事业的发展，1984 年起投资 4 900 万元，对虹桥机场进行扩建，候机楼由原来的 9 900 平方米扩大为 2.1 万平方米，机场停机坪扩建为 14 万平方米；通信导航设备上，短波通信设备已逐步向全固态化过渡，先后引进和购置了 RX-1002 短波 SSB 接收机、全固态 1500WSSB 发射机、甚高频通信电台、贝克尔电台；电报通信设备方面，于 1982 年引进香港 32 路低速自动转报系统；导航设备上，1982 年引进了测距仪，1986 年更新了无锡走廊口的全向信标，并加装了测距仪；1988 年引进了航管二次雷达；有线电话通信上，1986 年引进美国 CBX8000 型 200 门小程控交换机和 CBX9000 型 2 000 门程控交换机。扩建之后的虹桥国际机场基本适应了当时航空港吞吐量的要求，缓和了候机楼内的拥挤，改善了通信导航和服务设施。

上海虹桥国际机场标志图案由英文字母"H""I""A"组成，

---

1. 李功豪：《〈关于上海经济发展战略的汇报提纲〉出台背景和主要实施过程》，载中共上海市委党史研究室、上海市现代上海研究中心编著：《口述上海：改革创新（1978—1992）》，上海教育出版社 2014 年版，第 150 页。

取自虹桥国际机场英文名称的第一个字母。三个字母演化成一只雄鹰的形象，也象征飞机。绿色表示陆地，象征安全。白色雄鹰从陆地冲天而起，体现了机场的含义。改造完成的上海虹桥国际机场是当时中国的三大航空港之一，占地面积5平方千米，南北长约4 000米，东西宽约1 500米。有跑道和滑行道各一条，跑道总长3 400米，宽57.6米，厚度0.58米，道面PCM值为80，能够承受当时世界上最大的民航客机起降。设有国际候机楼29 750平方米，国内候机楼21 298.9平方米。1988年，上海虹桥国际机场成立的第一年，上海与国内外54个城市通航，有20个中外航空公司的飞机在上海起飞。是年，该机场共保障飞机起降32 882架次，旅客吞吐量为354.76万人次，货邮吞吐量11.26万吨。

2. 建设上海铁路新客站

党的十一届三中全会后，铁路在很长一段时间内是人们进出上海最主要的出行方式，铁路客流也增长迅速。1979年，上海站的上车人数首次突破了千万人大关，达到1 134.7万人次，上下车旅客共2 228万人次；到新客站运营前的1987年，上车人数增至2 060万人次，上下车旅客共计4 105万人次，年递增率达到了9.5%。从1950至1978年的29年间，上海站到发旅客3.2亿余人次；而从1979至1987年的短短9年中，到发旅客已达2.9亿余人次。如此快速增长的客流量，对常年超负荷运转的上海站来说，安全运输是一个巨大的威胁。

1972年，上海铁路局与上海市政府联合申报兴建上海铁路新客站；1973年经国家计委批准，新客站建造列入计划。1981年7月1日，上海市人民政府成立了上海铁路新客站工程指挥部。1984年9月20日第一根基桩打下，上海铁路新客站的建设正式启动，至1987年12月28日竣工启用，仅用了39个月，实际工期比国家计划工期提前了13个月。

上海新客站（上海站）
图片来源：《上海铁路志》编纂委员会编：《上海铁路志》，上海社会科学出版社1999年版

新客站主站屋总建筑面积为4.52万平方米，东西宽270米，高24米，南北进深196米。立面以大茶色玻璃及古铜色铝合金装饰，外墙用磨光花岗石贴面。共有大小16个候车室，其中10个在高架上，总面积达1.4万平方米，最高集结人数为10 000人，比老北站（即原上海站）的3 900人增加了1.56倍。站屋大厅与候车室采用吊屋面结构，全部空间无柱子，用6 000盏内嵌式日光灯照明。候车室内安放了12 000张钢背靠椅。厅前有一条

长 200 米、宽 8 米的雨廊。在国内首次采用"高架候车，南北开口"的布局，突破了站屋与站场分建的传统模式，是我国第一个具有中等现代化水平的大型铁路客运站。每天可到发列车 72 对，年发送旅客 2 222 万人次。

站场共有 15 条铁路线，每条铁路线为 630 米，可以停放 20 辆以上的旅客列车，站内共有 7 个站台，长 500 米，宽 12 米，高 0.5 米。站台两端各有旅客和行包作业地道入口，东旅客地道与地铁车站相连接，南北共有 3 个出口处。南北两个广场达 8.4 万平方米，比老北站扩大了 13 倍。东西行李房底层和地下层均为行包仓库，面积为 1.3 万平方米，比老北站行李房增加了 1.1 倍。售票处设在东面的上海市联合售票大楼底层和二楼，面积为 3 000 多平方米，共有 36 个窗口。

上海铁路不仅在车站硬件上有提升，其服务水平也有飞跃。上海铁路新客站的建设成功，不仅扩大了上海地区旅客运输能力，从根本上改善了旅客乘降条件，而且扩大了上海对外经济交流和旅游事业，对促进上海的改革开放发展具有非常重大的意义。

四、"后卫"的困境

改革开放初期，上海经济虽然取得了不少攻坚战上的胜利，但从 20 世纪 70 年代末至 80 年代末，艰难和曲折是主要的，其具体表现为：增长速度缓慢，经济效益下降，财政收入连年滑坡，外贸出口徘徊不前，生产优势逐步丧失。

1. 增长速度缓慢

如果把上海与全国国内生产总值（GDP）增长率作个比较，1978 至 1990 年，上海国内生产总值从 272.8 亿元增长到 744.6 亿元，年均递增率为 7.45%，比同期全国平均的 8.72% 低 1.27 个百分点；上海创造的国内生产总值、社会总产值、国民收入和工业总产值，1978 年占全国的比重分别为 7.60%、8.65%、8.16% 和 13.0%，在 1990 年均有下降，分别是 4.21%、5.37%、4.29% 和 4.85%，可见，这十几年上海经济发展的走势缓慢，上海的综合经济实力在全国的地位已大大下降。

20 世纪 80 年代中国改革开放的重心在沿海地区，沿海地区经济发展远远高于中西部地区，而在沿海地区的发展中，如果以上海为中心点，又形成了"南方崛起、两翼隆起"的格局。

"南方崛起"是指粤、闽经济的崛起。粤、闽地区在改革开放中取得了先发利益，经济发展突飞猛进。1978 年广东省创造的国内生产总值占全国的比重为 5.15%，1990 年已然上升到 8.32%，从而跃居全国经济规模第一大省；从 1978 至 1990 年，广东省的国内生产总值从 184.73 亿元增长到 1 471.84 亿元，年均递增率为 12.57%，比同期全国平均高出 3.85 个百分点，比上海更是高出 5.12 个百分点。

"两翼隆起"是指处于上海两翼的江、浙、鲁三省经济的迅猛发展。这三省地处沿海，利用农村改革的宽松环境，大力发展乡镇企业，经济发展势头十分迅猛，三省创造的国内生产总值占全国的比重也相应从 1978 年的 6.95%、3.42%、6.38% 上升到

1990 年的 7.43%、4.73%、7.53%；同期，三省国内生产总值的年均递增率分别达 10.28%、11.79% 和 9.76%，分别比全国平均高出 1.56、3.07 和 1.04 个百分点，比上海更高出 2.83、4.34 和 2.31 个百分点。因此，在整个 80 年代，上海成了中国沿海经济发展的"谷区"。

2. 经济效益下降

改革开放以来，中国宏观经济运行机制进入转轨时期，各地经济出现了飞速的发展，上海经济发展的环境发生了深刻的变化。在这一宏观背景的冲击下，上海以价值量衡量的经济效益大幅度下降（见下表）。以反映价值量经济效益的主要指标每百元资金实现的利税为例，其动态曲线呈直线下降趋势（见下表第一栏）。1980 至 1990 年，全市工业百元资金实现的利税从 77.54 元下降到了 20.96 元，下降幅度达 73.0%；1990 年百元资金实现的利税只有 1980 年的 27%；其中下降最快的是 1986 年，1986 年比上年的下降幅度达 30.1%。由于资金利税率急剧下降，所以其他经济效益指标也都相应下降。同期，每百元固定资产原值实现的总产值下降 31.9%，每百元固定资产原值实现的利税下降 70.7%，每百元销售收入实现的销售利润下降 66.8%，定额流动资金周转天数延长 37.3%。

如上所述，当时上海经济的主体是工业，工业是上海财政收入的主要来源，由于工业经济效益大幅度下降，导致上海地方财政收入徘徊不前：1978 年上海地方财政收入为 169.2 亿元，到 1990 年仍维持在 170 亿元。一个标准的"马鞍型"曲线可以用来

东方璀璨
（1949—2019）

表1　上海市独立核算工业企业主要经济效益指标变化
（1980—1990 年）

年份	每百元资金实现的利税（元）	每百元固定资产原值实现的总产值（元）	每百元固定资产原值实现的利税（元）	每百元销售收入实现的销售利润（元）	定额流动资金周转天数（天）
1980	77.54	275.35	87.50	24.52	68
1981	73.48	263.86	81.10	23.53	75
1982	69.80	249.90	75.50	22.63	68
1983	63.30	236.79	68.27	21.61	68
1984	60.80	236.52	65.80	20.55	68
1985	56.90	235.22	63.91	18.76	73
1986	39.77	185.07	45.90	11.14	83
1987	34.25	187.33	39.63	14.23	84
1988	32.16	195.70	37.73	12.62	85
1989	27.09	199.22	33.02	10.30	94
1990	20.96	187.55	25.65	8.14	103

资料来源：朱金海：《上海经济 15 年》，上海市社会科学院出版社 1994 年

形容上海这一时期地方财政收入的增长走势。处于两边的 1979 年、1980 年和 1989 年、1990 年呈微增长状态，中间的 1984 年和 1985 年呈高增长状态，两翼的 1981 年、1982 年、1983 年和 1986 年、1987 年、1988 年均呈严重下滑状态。

3. 外贸出口徘徊不前

上海自近代以来便是中国对外贸易的主要口岸。1978 年上海外贸出口总额为 28.9 亿美元，占全国出口总量 97.5 亿美元的 29.6%，是广东省 13.9 亿美元的 2.1 倍。

20 世纪 80 年代以来，中国外贸出口出现一个增长较快的时期。从 1980 至 1990 年，全国外贸出口总值从 181.2 亿美元增长

到 620.9 亿美元，平均每年递增率为 13.1%。其中，对外开放度较高的广东省从 21.9 亿美元增长到 105.6 亿美元，年均递增率达 17%。

然而，上海的外贸出口却出现徘徊不前的态势：从 1980 至 1990 年，外贸出口总额从 42.7 亿美元增长到 53.2 亿美元，年均递增率仅为 2.2%，比全国平均的 13.1% 低 10.9 个百分点，更比广东省的 17% 低近 14.8 个百分点。1990 年上海外贸出口占全国总量的比重已下降到 8.6%，仅为广东省出口总额的二分之一。

4. 生产优势逐步丧失

上海曾是全国最大的工业基地，随着国家计划体制的转换和兄弟省市加工工业的崛起，上海倚靠廉价原材料的日子一去不复返。原材料的短缺越来越严重地限制着上海的工业发展，加工优势难以发挥；而受控于计划管理的产品价格，又抵挡不了高价格原材料的冲击，在从高度集中的计划经济向有计划商品经济转变的过程中，上海已无法避开这些尖锐的矛盾。

另一方面，随着沿海城市引进技术步伐的加快，中外合资和外商独资企业的迅速发展，上海产品的质量优势也在不断削弱，外埠产品已有足够的能力与上海产品抗衡。因此，竞争愈演愈烈，上海产品已没有过去那种"皇帝女儿不愁嫁"的优势了。从 1978 至 1986 年，全国商品零售总额的年均递增率为 15%，而上海销往外地的产品的年均递增率只有 4.1%；相反，各地进入上海市场的产品在以 7.9% 的增速发展。

纺织工业曾是上海的支柱产业，利税大户，也是出口大户，又是上海吸纳劳动力最多的大行业，最高时吸纳劳动力达55万人。面对开放之后的市场经济大潮，上海纺织工业在1981年登上历史巅峰（这一年创造利税达43.19亿元）之后，就一直呈停滞、下滑趋势。80年代末，形势日益严峻：生产下降，利润滑坡，亏损面扩大，亏损额增加，一批企业濒临破产，大量职工下岗待业。曾有一份对上海纺织工业技术装备状况的调查报告，其中形象地描述道：上海纺织工业患了"老化症""衰退症"和"虚弱症"。上海纺织工业的主机设备中，属20世纪四五十年代的占60%，厂房大都建于二三十年代，危房隐患严重，全局设备新度系数仅0.63，低于全国平均水平。装备的陈旧、落后在激烈的市场竞争中缺乏应变性和竞争力。[1]

第三节　文化新貌

"文革"给我们党、国家和民族带来了严重的危害。这一危害体现在政治、经济、社会等方方面面，其中文化领域的灾难性后果也是难以估量的。粉碎"四人帮"之后，尤其是党的十一届三中全会之后，我国的文教事业恢复、发展很快，上海也不例外。改革开放带来的时代巨变反映最为突出的是在文化领域，教师的地位得以重新确认，教育的秩序获得恢复巩固；文艺在反思

---

1. 熊月之、周武主编：《上海：一座现代化都市的编年史》，上海书店出版社2007年版，第569—572页。

过往十年中显示出自己独特的力量；文化界有人提出"重振海派雄风""高举海派旗帜"，引发了对"海派文化"持续数年的讨论。20世纪80年代，改革开放崇文重教成为主流基调，为这个时代打上了深深的文化印记。

一、恢复高考

教育振兴，首要是恢复教育工作者的政治地位。1978年4月22日，邓小平在全国教育工作会议上指出："我们要提高人民教师的政治地位和社会地位。不但学生应该尊重教师，整个社会都应该尊重教师。我们提倡学生尊敬师长，同时也提倡师长爱护学生。尊师爱生，教学相长，这是师生之间革命的同志式的关系。对于优秀的教育工作者，应该大张旗鼓地予以表扬和奖励。"[1]这为全国各地（包括上海市在内）重新认识教师的地位，为社会建立正确师生关系提供了一个可以遵循的指导纲领。

上海教育重新振作、恢复发展的案例有很多，但恢复高考、重启高等教育，于当世与未来影响皆为最大。

"文革"中止了高等学校从应届高中毕业生中直接招生的制度。邓小平复出后，非常重视这一问题，他谈道："今年（指1977年）就要下决心恢复从高中毕业生中直接招考学生，不要再搞群众推荐。从高中直接招生，我看可能是早出人才、早出成果

---

1. 邓小平：《在全国教育工作会议上的讲话》，《邓小平文选》(第二卷)，人民出版社1994年版，第109页。

的一个好办法。"[1] 恢复高考的决定一经公布，上海报考的人数超过
11 万，其中已走上工作岗位的历届生占据很大的比重，第一年上
海高校招收的学生数达到 2.4 万余人。高考招生制度的恢复，既
为广大青年的求学深造提供了一条正常的途径，改变了"文革"
期间高校入学的推荐制度，也使整个社会培养人才的工作走上正
轨，高校正常的教育秩序得以恢复；同时也推动了中小学教育。
有些中小学被破坏得连一块好的玻璃窗都没有，经过整修，焕然
一新了；"文革"前制定的工作条例重申实施，新的教学秩序得
以建立。用当时通俗的话说，学校像个学校的样子了。

　　上海市自 1977 年后陆续恢复在"文革"期间被强行合并、
撤销、外迁的学校，如：华东师范大学、上海师范学院、上海体
育学院、上海工业大学、上海机械学院、上海财经学院、上海对
外贸易学院、上海农学院、华东政法学院、上海水产学院。随后
又创办了 13 所大学分校，以满足大批青年学生求学的需要。自
1980 年开始，原来 13 个大学分校经过重新组合，成立了上海大
学、上海工程技术大学、上海城建学院，并撤销了一些条件相对
较差的分校。在普通高校恢复的过程中，高等专科学校也恢复并
开始招生。除了恢复纺织专科、冶金专科、化工专科、轻工专
科、立信会计专科等原有学校之外，新建了一批高等专科学校，
如旅游专科、海关专科、科技专科、公安专科、石油化工专科、

---

1. 邓小平：《关于科学和教育工作的几点意见》，《邓小平文选》（第二卷），人民出版社
1994 年版，第 55 页。

金融专科、出版专科、法律专科、幼儿师范专科、师范专科等，使上海学校结构相对单一的状况得到很大改变。这一时期是新中国成立以来上海地区高等专科学校发展最快的阶段。[1]

1977、1978、1979级的大学生，即"文革"后恢复高考后的三届大学生，被统称为"新三届"，与"老三届"对应。他们的出现在当代中国教育发展史上具有极其重大的意义。它打破了出身限制，突出了"广开才路"的录取理念；废除了"突出政治"的极左标准，突出了"择优录取"的文化标准；重新确立了选拔人才的公平竞争原则，调动了亿万青年学习知识的积极性，带动了社会风气的好转。[2]

二、以"伤痕"为名的文艺创作

"文革"之后，文学重新成为传达人民心声、反映现实问题的重要手段。上海文学也和全国的文学界一样结束了漫长的荒芜岁月，开始获得探索人性和社会问题的自由空间。贯穿这一时期的是一种文化思想上的"狂欢"氛围。[3]

1978年8月11日，《文汇报》登载了卢新华的短篇小说《伤痕》，引起强烈的社会反响，伤痕文学由此进入兴盛期。小说描写一个叫晓华的女儿，在其母亲被诬陷为"叛徒"之后，与家庭

---

1. 熊月之、周武主编：《上海：一座现代化都市的编年史》，上海书店出版社2007年版，第578—579页。
2. 金忠明等著：《上海教育史（1966—2002）》第4卷，上海教育出版社2019年版，第28页。
3. 陈伯海主编：《上海文化通史》下卷，上海文艺出版社2001年版，第1349页。

"彻底决裂",愤然出走,在农村九年受到冷落和歧视;粉碎"四人帮"以后,她母亲的冤案得到昭雪,但终因病重身亡而未能和女儿见上一面。伤痕文学的兴起意味着在文学领域开始对"文革"进行反思。[1]

禁区的冲破和文艺观念的解放,极大激发了文艺工作者的创作积极性。改革开放初期,上海文坛涌起第一个潮峰,除了卢新华的《伤痕》外,刘心武的短篇小说《班主任》、巴金的《随想录》、叶永烈的《马思聪》、王西彦的散文集《炼狱中的圣火》、戴厚英的长篇小说《人啊人》、叶辛的长篇小说《蹉跎岁月》等,都是这一时期反思"文革"、反映知识青年生活的代表性文学作品。

20世纪80年代是一个崇尚阅读的年代。上海的南京路、淮海路、四川路等大大小小的新华书店,门口常常有着蜿蜒曲折的购书队列,店中是满坑满谷的读者。人们对知识的渴望和追求在禁锢之后强烈地迸发出来,尤其在青年中掀起了读书热、文化热。曹雷作为其中一分子,用文字生动记录了这一心理:

我像个饿狼了的饕餮之士,生怕看到的珍馐一转眼又会给人抢走。有我这种心理的人竟是无数,于是书店前排起了空前的长龙,从书店门口起,能绕过一个街区排到后街上。人们耐心地等待着。无论哪本作品,只要放上书柜就会被人买走。那抱着一捧捧书走出书店的人,个个脸庞都被心中的喜悦照得发亮。挨到我

---

1. 熊月之、周武主编:《上海:一座现代化都市的编年史》,上海书店出版社2007年版,第579页。

时，我竟慌了神，说不出我要买什么。无论是我曾有过的，我曾读过的，或者没看过的，我都想买下，我还要为当时才两岁的儿子买下他以后要看的故事。这种恐慌的心理，几乎持续了两三年才慢慢淡却。[1]

对于"文革"的反思不仅表现在文学领域。随着"左"的禁锢和僵化的思维模式被日益冲破，文艺工作者创作激情不断迸发，排演、拍摄了各式风格的文艺作品。如话剧《于无声处》、电影《庐山恋》《小街》《女大学生的宿舍》《小花》《城南旧事》等。其中比较有代表性的算是 1986 年上海电影制片厂根据古华荣获首届"茅盾文学奖"的长篇小说《芙蓉镇》改编的同名影片，其上映对中国电影事业的发展和社会变革的影响无疑是积极而巨大的。

三、"海派文化"概念提出

世纪之交，上海开展了一场"面向新世纪的上海人精神"大讨论，继而提出"海纳百川、追求卓越、开明睿智，大气谦和"的城市精神；进入新时代后，上海再提"开放、创新、包容"的城市品格以及"上海文化"品牌建设。以上精神层面的过往总结、现实指导与未来展望，型塑着当代上海文化，但若是溯源，都可以追寻到 20 世纪 80 年代兴起的关于"海派文化"的讨论。

---

1. 曹雷：《徜徉在书的世界里》，载《文汇读书周报》1996 年 12 月 7 日；转引自邹振环：《20 世纪上海翻译出版与文化变迁》，广西教育出版社 2001 年版，第 349 页。

我们今天所说"海派文化"到底指的是什么？在"海派"之名大噪、深入社会方方面面的当下，再有此等疑问似乎不合时宜。但社会万象可以撇开不谈，最为常见对"海派文化"定义的演绎，仍是将"海派"之名作为逻辑起点。"海派"自1917年第一次出现在大众视野，很快就成为一个广为流行的名词。尽管它已在某些领域变得专业化，但大多数的使用者却经常是在最宽泛的意义上理解它，因此它在不同的时期、不同的圈子里都有着悬殊的意义差异。

改革开放以后，全国各地区域特点日趋明显，各种地域文化竞展风采，上海地域文化也越来越受到人们重视。上海在近代以前并无特指的地域文化名称，于是，人们想到了在20世纪三四十年代轰动一时的京海之争中的"海派"。

自20世纪80年代中期伊始，"海派"一词被上海的文化界重新发掘并为其赋义，产生了"海派文化"一词。许多开创性的学术讨论与研究成果由此开始。1984年，黄裳在《瞭望》杂志发表《榆下杂说：论"海派"》一文，认为"海派自有海派的特点，这是应该加以研究、总结的"；次年，继续发表《敢举"海派"旗帜，振兴上海文化——我的祝贺》一文，再次强调了"海派"的积极性。1985年，何玉麟发表《纵论"海派"》一文，首先提出"海派文化"一说，将"海派文化"与"海派"并用，认为是中国近现代历史文化发展轨迹中的一个"突峰"与"闪光点"。

1985年，中共上海市委宣传部组织了一个由上海市高校、社会科学研究机构和政府工作部门的专家学者以及宣传文化系统的工作者共 400 多人组成的研究队伍，经过广泛的调查研究，形成了 100 多篇、约 120 万字的研究论文与调查报告。是年 11 月，上海市委宣传部思想研究室、《解放日报》《文汇报》《社会科学》联合发起召开海派文化讨论会，申城 70 多位学者、作家、艺术家、文化工作者等出席，就海派文化的源流和特性以及如何评价等问题，展开热烈讨论。沪上文化界有人借此提出"重振海派雄风""高举海派旗帜"，引发了 20 世纪 80 年代末 90 年代初学术界对"海派文化"持续数年的讨论，其中较为有代表性的海派文化研究成果有：陈旭麓的《说"海派"》、李天纲的《"海派"——近代市民文化之滥觞》、杨东平的《城市季风：北京和上海的文化精神》、熊月之的《海派散论》等。这一时期，海派文化的学术研究起点很高，对海派的起源、流变、内涵、定义、评价，以及与近代上海社会关系等诸多问题的讨论已经相当细致深入，其学术之影响力一直延续至今日。

这一时期，一个突出的特点是上海的学术界对于"海派"与"海派文化"的态度相对中性，即在肯定其积极性的同时，也清醒地认识到"海派"已是过去。在 1985 年的学术讨论会中，形成了有关对"海派"的评价，认为对"海派"和"京派"贬斥任何一方都是错误的。两种文化都各有所长，也各有所短，应当互相取长补短。在民族文化发展过程中，应当允许不同特色的文化方式存在。

对于海派文化的前途，这一阶段的结论也比较客观，即更加注重于重振上海文化的声威，认为需要"继承和发扬'海派'文化的优良传统，吸取'京派'以及其他各派之所长，克服自己的弊端，……创造出具有'海派'特色的社会主义新文化"。对于"海派"一词，陈旭麓认为"海派之名可弃，开新与灵活、多样的风格却不可无"。

第四节　擘画蓝图

1978 至 1990 年间的上海，工业经济效益下滑，地方财政不足，传统计划经济束缚了经济社会的发展，市政建设、衣食住行等方面的条件多年得不到太多改善，导致了上海市民生活质量受到直接影响。上海社会科学院研究员陆晓文基于研究，对于 20 世纪七八十年代上海人的生活有一段描述文字："一个家庭一般有 5 个左右成员，有 2—3 人参加工作；居住面积大概 20平方米，有 70% 可能与邻居合用厨房、厕所；每月收入大约为56.87 元，工作很稳定；95% 左右的钱都要用掉，其中 60% 的钱花在食品上，每个月大概要缴付 10 元钱的房租费用，水电费用每个月 10 元左右。医疗方面，如果是企业职工，医疗费用不花分文；如果是事业单位职工，看一次病要付几毛钱的挂号费。教育方面，如果孩子在中小学就读，全年的学费和书费总数不会超过 20 元。每年每个人用在自己身上的费用，大概是衣服 50元、交通 10 元、娱乐电影等 10 元左右。饮食上，当时每个人每个月有 25 市斤的粮食，有半市斤食用油的供应，大概能吃到

1.5 市斤的猪牛禽肉，每个月获得半斤鸡蛋，一个人大概是每月1.5 斤鱼。"[1] 窘迫的现状亟待改变。

一、十个第一和五个倒数第一

新中国成立后至改革开放前的 30 年间，上海以全国 1/1500 的土地，1/100 的人口，提供了 1/10 的产值，1/6 的财政收入，为国家社会主义建设作出了突出而重要贡献。

然而，进入改革开放时期，上海的发展遇到了一系列的突出问题。随着经济特区和沿海城市的开放、全国经济体制的逐步转轨，各地经济都开始迅速发展，广东等南方省市迅速崛起，上海的国民收入和工农业产值，不仅从冠军的宝座跌落下来，而且下滑势头非常快。

1980 年 10 月 3 日《解放日报》头版刊发了上海社会科学院研究员沈峻坡的《十个第一和五个倒数第一说明了什么？——关于上海发展方向的探讨》，一石激起千层浪，这篇文章引发了后续"上海向何处去，建设什么样的上海"大讨论。

文中开篇表示，要探讨建设一个什么样的上海，首先必须弄清上海的现状。在沈峻坡看来，上海有"十个第一和五个倒数第一"。"十个第一"主要集中在经济层面上：

一、工业总产值占全国八分之一强，产值之大，居全国各省

---

1. 上海市地方志编纂委员会编：《上海市志·民政·民生分志·社会生活卷（1978—2010）》，上海古籍出版社 2021 年版，第 1—2 页。

市第一位;

二、出口总产值占全国四分之一强,其中本市产品占60%,创汇之多,居全国第一位;

三、财政收入占全国总收入的六分之一,上缴国家税利占中央财政支出三分之一,上缴之多,居全国第一位;

四、工业全员劳动生产率1979年为30 013元,高于全国各省市平均数1.5倍以上,居全国第一位;

五、工业每百元固定资产实现的利润,1979年全市平均63.73元,为全国平均数的四倍,居全国第一位;

六、工业资金周转率为69.5天,周转之快,为全国大城市的第一位;

七、按人口平均计算每人每年国民生产总值,1979年为1 590美元,生产水平之高,居全国第一位;

八、能源有效利用率,1979年为33%,高于全国平均28%的水平,居全国第一位;

九、商品调拨量,上海商业部门调往各地的日用工业品占全国调拨量的45%,居全国第一位;

十、输送技术力量,解放以来上海迁往内地的工厂300多家,并通过其他各种途径,输送技术人员、技术工人100万人,居全国首位。

"五个倒数第一"则从生活质量出发给予描摹:

一、市区平均每平方千米有4.1万人,城市人口密度之大,为全国之"最";

二、建筑密度高达 56%，按人口平均计算，每人拥有道路仅 1.57 平方米，绿化面积仅 0.47 平方米（像一张《解放日报》那么大）。建筑之密，厂房之挤，道路之狭，绿化之少，均为我国大城市之"最"；

三、上海市区按人口平均计算，每人居住面积为 4.3 平方米（包括棚户、简屋、阁楼在内），4 平方米以下的缺房户有 918 000 多户（其中困难户、结婚户、特困户、外地调沪无房户共 69 000 多户），占全市户数 50% 左右，缺房户比重之大，为全国大城市之"最"；

四、上海平均每万辆车一年死亡人数为 42.5 人，车辆事故为全国大城市之"最"；

五、由于三废污染严重，上海市区癌症发病率之高为全国城市之"最"。

文章继而指出，由于长时期来受"左"倾思想的影响，上海"十个第一和五个倒数第一"的现状是极不正常的，甚至而言已形成"畸形状态"，具体表现在重生产，轻消费；重挖潜，轻改造；重速度，轻效果；重积累，轻补偿四个方面，这使得上海在经济上是个"顶天立地"的巨人，在实力上却是个"健康欠佳"的病人。这种畸形由来已久，并非从"四人帮"始。看来，经过真理标准问题的讨论和补课，"左"倾思想在政治思想战线上的市场已大为缩小。但是在经济战线上，由于生产目的问题的讨论未充分展开，"左"倾思想的流毒还比较严重。我们对此不能低估。上海要健康地发展，一定要进一步肃清"左"倾思想的流毒。我们相信，在党的调整国民经济八字方针的指引下，把上海的调整改造搞好，上海一定会改变几个全国倒数第一的局面，创造更多的全国第一的纪录，为四化做出更大的贡献。[1]

一篇文章可以引发如此广泛的社会反响，说明全市上下对改造上海、振兴上海的意识和要求非常强烈。

二、《上海市城市总体规划方案》

1981年，上海学者便开启了"上海经济发展战略"课题研究，上海社科院与市计委、经委、市委研究室等单位联合举行"上海经济双周座谈会"，从战略高度探讨上海发展问题。1983年，市长汪道涵在《政府工作报告》中正式提出"经济振兴"口号，决心"加快老企业和老城市的改造"。

1983年8月，中共中央总书记胡耀邦视察上海，指出"上海必须充分发挥其口岸和中心城市的作用，发挥其经济、科技、文化基地功能，作全国四化的开路先锋"[2]。1984年9月，中央委派宋平和马洪率调研组，在上海进行为期半个月的调查研究，召开了由全国各地近百人参加的"上海经济发展战略讨论会"。会后，上海市政府、国务院改造振兴上海调研组联合向中央政府提交了《关于上海经济发展战略的汇报提纲》。1985年2月，国务院正式

---

1. 沈峻坡：《十个第一和五个倒数第一说明了什么？》，《解放日报》1980年10月3日，第1版。
2. 李功豪：《〈关于上海经济发展战略的汇报提纲〉出台背景和主要实施过程》，载中共上海市委党史研究室、上海市现代上海研究中心编著：《口述上海：改革创新（1978—1992）》，上海教育出版社2014年版，第147页。

批准这份汇报提纲。国务院在批转这份汇报提纲的通知中指出：

在新的历史条件下，上海的发展要走改造、振兴的新路子，充分发挥中心城市多功能的作用，使上海成为全国四个现代化建设的开路先锋。上海市要充分利用对内对外开放的有利条件，发挥优势，引进和采用先进技术，改造传统工业，开拓新兴工业，发展第三产业，逐步改善基础设施和投资环境，要在 1990 年以前尽快转上良性循环，力争到本世纪末把上海建设成为开放型、多功能、产业结构合理、科学技术先进、具有高度文明的社会主义现代化城市。

对于上海在全国改革开放中举足轻重的地位，通知特别强调："改造、振兴上海不仅是上海市的大事，也是关系我国四个现代化建设的大事，国家应该给予上海必要的支持，各地区和各有关部门也要积极给予支援和帮助。"[1] 这样的定位，既体现了新形势下国家对上海的期待，也反映了上海作为中心城市的自觉追求。

在此精神指导下，上海于 1986 年制订了《上海市城市总体规划方案》。方案对于在新形势下建设一个什么样的上海、如何建设这样的上海，都提出了具体规划。方案指出："上海位于我国海岸中部，有广阔的长江流域腹地，具有在对内对外开放的两个辐射扇面中起枢纽作用的有利条件。上海市城市总体规划必须

---

1. 《国务院批转关于上海经济发展战略汇报提纲的通知（一九八五年二月八日）》（国发〔1985〕17号），国家体改委办公厅：《十一届三中全会以来经济体制改革重要文件汇编》（下），改革出版社 1990 年版，第 156 页。

从长远考虑，高瞻远瞩，面向世界，面向二十一世纪，面向现代化。同时，又必须考虑到现实情况和逐步实施的可能，使解决当前问题和长远发展密切结合起来，把上海建设成为开放型、多功能、产业结构合理、科学技术先进，具有高度文明的社会主义现代化城市，以更好地为全国的经济建设服务。"方案认为："上海是上海经济区的中心城市，也是全国的经济中心之一，应当从整个经济区和全国着眼，结合经济区范围内的城镇特点调整工业结构，进行合理布局，提高城市质量，改善投资环境。而这种提高和改善，必须建立在经济发展的基础上，使生产发展和生活改善密切结合起来。"方案明确提出："上海是我国最重要的工业基地之一，也是我国最大的港口和重要的经济、科技、贸易、金融、信息、文化中心。同时，还应当把上海建设成为太平洋西岸最大的经济贸易中心之一。"[1]

　　1986年国务院批准的《上海市城市总体规划方案》是一个具有宏阔的国际眼光、自觉的担当意识、将长远愿景与近期措施有机结合的城市规划，也是上海第一个经国家批准具有法律效力的城市总体规划，对日后上海城市发展起到了很好的指南作用。

1. 《上海市城市总体规划方案》，载上海社会科学院《上海经济年鉴》编辑部：《上海经济年鉴（1987）》，上海人民出版社1987年版，第4—5页。

第五章　迈向国际大都市

（1990—2012）

20 世纪 80 年代末 90 年代初，苏联与东欧风云变幻，世界格局的剧变给中国国际联系、经济发展带来一系列困难。1989 年与 1990 年，中国经济增长率连续两年仅为 4.2%，不到其余年份增长率的一半。中国要走出困境，必须从国家内部寻求新的活力，必须争取更多的国际理解和响应，这两方面都需要中国向世界提供开放的平台，展现开放的形象。[1] 于是，加大上海改革开放力度、开发开放浦东成为中国向世界展示改革开放形象的最为重要的标志。20 世纪 90 年代是上海改革开放力度很大、经济发展很快的十年，带动这十年发展的主要引擎就是浦东开发开放。

得益于第一步迈得勇敢、迈得坚实，浦东新区率先发生了令全世界艳羡的惊天巨变，从一个以农业为主、基本属于前工业生活状态的地区，变成了一座功能聚集、要素齐全、设施先进的现代化新城。以浦东开发开放为契机，曾经老旧的上海得以焕发新生，从"后卫"再次回归"前锋"，奋力建设着卓越的全球城市和社会主义现代化国际大都市；浦东也成为中国改革开放取得成功的重要象征。从新中国第一家证券交易所到第一个自由贸易试验区，得益于顶层设计和基层创新相结合，浦东奇迹雄辩地证明改革开放是决定当代中国命运的关键一招，也是决定实现"两个一百年"奋斗目标、实现中华民族伟大复兴的关键一招。

1. 王志平：《关于上海发展战略演进的回顾与思考》，《上海行政学院学报》2008 年第 3 期。

进入 21 世纪，三件大事直接带动与推动了上海城市的发展与转型，一是新一轮上海市城市总体规划的制定与批准，二是中国加入世界贸易组织（WTO），三是上海获得 2010 年世界博览会的举办权。上海在新世纪进入了改革迈大步、建设大飞跃、综合实力大幅提升、城市形象大放异彩的快速发展阶段。新世纪初十多年间，上海经济保持平稳较快发展，经济运行质量持续提高，服务经济稳步发展，制造业结构不断优化，"四个中心"框架基本形成，城市服务功能显著提升。不仅是城市建设和管理迈上了新台阶，宜居城市的建设也有了新的气象。上海的市区变大了、建筑变高了、夜景变亮了、河水变清了、土地变绿了、交通变畅了、住房变宽了，而这些直接可见、可触、可觉的具象变化背后，是上海经济实力、产业能级、国际竞争力、城市管理能力的提升。上海全市 GDP 总量从 1978 年的 272.81 亿元，到 2006 年首次突破 1 万亿元，再到 2012 年翻番至 20 181.72 亿元，首次突破了 2 万亿大关，位列世界大城市前十位左右。[1] 上海人均生产总值跨越了几个台阶，1978 年人均生产总值 2 485 元，1993 年突破万元，1996 年突破 2 万元，2012 年达到 85 373 元，增长 30 倍强，已相当于中等发达国家的水平。[2]

---

1. 《上海经济总量突破 2 万亿　位列世界大城市前十左右》，中央政府门户网站：https://www.gov.cn/gzdt/2013-01/22/content_2317344.htm。
2. 数据主要采自历年《上海年鉴》，以及国家统计局国民经济综合统计司编：《新中国五十年统计资料汇编》，中国统计出版社 1999 年版。

第一节　奋楫者先：浦东迈出第一步

1990 年之前，上海黄浦江以东广大区域的现代化转型是几代仁人志士的共同夙愿。然而在彼时中国的政治经济社会条件下，这些宏大构想终究难以实现。

1990 年 4 月 18 日，时任国务院总理李鹏在上海大众汽车有限公司成立五周年庆祝大会上宣布，党中央、国务院同意上海加快浦东地区开发，在浦东实行经济技术开发区和某些经济特区的政策。这一决策成为这块热土迅速崛起的标志性事件。此后，自泽国而成大陆，由荒土而开通衢，浦东新区如今成为中国改革开放最重要的标志之一。今天，人们走在外滩，眺望黄浦江对岸那些摩天大楼构筑而成的城市地平线，那里是中国特色社会主义建设成就的最佳展区。

这一世纪奇迹是如何发生的？浦东开发开放的第一步又是如何迈出的？传奇故事还要从百年前开始讲述。

一、几代人的共同夙愿

一条黄浦江将上海划隔成浦西、浦东。五口通商开埠后，浦西一带得到了快速开发，上海成为亚洲乃至世界最大的城市之一。而仅一水之隔的浦东广阔地区发展十分缓慢，仍旧保持着传统江南的水乡面貌，浦东的近代化起步远远要晚于浦西。百余年来，江的这边与那边宛若两个世界。

最早致力于开发浦东的是生于斯、长于斯的仁人志士。清末民初，以李平书、黄炎培为代表的浦东同人会，坚决抵制殖民主义的侵略扩张，反对浦东土地转为洋商"道契"，希冀用建立"浦东特别区"等方法、措施，保全浦东作为中国土地的独立地位。他们在爱国爱乡的真挚情感支撑下，兴利除弊，提倡实业，发展经济，做出了不少切实的努力。

孙中山是站在中国高度、用全球视野审视这方热土的第一人。第一次世界大战过后，为了让中国摆脱列强剥削的弱国地位，他用尽所学，伏案制定一本《实业计划》，其中第二计划之第一部"东方大港"是孙中山一生所遗存诸多文字中描述上海最为系统的一篇。

孙中山当时就指出在浦东开展建设具有两大优势：首先，地理位置优越。浦东滨江临海，只要通过摆渡、桥梁或江底隧道连接两岸即可使浦东地区内外通畅。浦东远离工厂，环境污染较少，是理想的居住区。随着交通的便利，配套基础设施的跟进，浦东的繁华是指日可待的。其次，浦东有着广阔的发展空间，它没有旧城区难改造的历史包袱，不需要拆迁旧建筑；且地价低廉，无须耗巨资购买土地，具有省钱、节时的明显优势。按照孙中山的设想，他的"东方大港"将来必能发展成纽约之规模。然而在残酷的政治局势下，中山先生的设想注定无法付诸实践。[1]

1949 年，中华人民共和国第一任上海市市长陈毅也有过开

---

1. 徐涛：《孙中山的上海观》，《史林》2011 年第 3 期。

发浦东的设想。他用睿智和深邃的目光眺望黄浦江东岸，动情地说："浦东是块处女地，由于交通不便，一江之隔，就变成了遥远的地方，多可惜啊！"[1] 但中华人民共和国刚刚建立，一穷二白、百废待兴的现实，使他无力顾及浦东的开发。此后几十年间，历届上海市领导也都曾一再将浦东开发提到议事日程上来，却因为种种掣肘，现实的窘迫窒碍了长远的规划，都未能如愿实践。

浦东依旧是那个缓慢挪移前进的乡土，直到改革开放之后，几代人的共同夙愿才得以实现。

二、党中央下定决心

1978 年召开的十一届三中全会，标志着我国进入了以经济建设为中心的改革开放新时期。在我国南部相继建立了深圳、珠海、汕头、厦门等一批经济特区后，又开放了 14 个沿海港口城市，全国上下呈现生机勃勃的发展新貌。上海长期以来是我国的经济中心城市，经济规模和运行绩效一直领先全国。然而，整个 20 世纪 80 年代，由于开放力度远逊于我国南部的经济特区，曾经创造"十个全国第一"的工业城市上海，城市老化现象越来越严重，城市基础设施陈旧，生活居住条件恶化，生产发展空间狭小。上海的经济优势逐渐弱化，国内生产总值由居全国之首降为

---

1. 裴坚章主编，中华人民共和国外交部外交史研究室编：《怀念陈毅》，世界知识出版社 1991 年版，第 27 页。

第六位，财政收入出现滑坡。

上海既面临着巨大的挑战和压力，又孕育着重振雄风的动力，开发浦东再一次被提出。

20世纪80年代初，上海市委、市政府组织全市高等院校、科研机构、职能部门的专家、学者，针对上海城市发展战略方向，尤其是新市区的选址，开展深入研究和广泛讨论，形成了北上、南下、西扩、东进四套方案。[1] 经过多方权衡，东进开发浦东方案最终胜出。1984年12月，上海市人民政府和国务院调研组提交的《上海经济发展战略汇报提纲》中，正式提出上海的城市和工业布局"重点是向杭州湾和长江口南北两翼展开，创造条件开发浦东，筹划新区的建设"。1986年，上海市人民政府在上报给国务院的《上海市城市总体规划方案》中，再次就浦东新区开发提出设想。1987年6月，开发浦东新区中外联合咨询小组成立，副市长倪天增任中方组组长，美籍华人科学家林同炎教授任外方组组长，上海市原市长、国务院上海经济区规划办公室主任汪道涵任总顾问。这个小组进行了大约一年时间的可行性研究，形成了浦东开发的规划构想。

1989年，面对异常复杂的国际局势，邓小平在同中央负责同志谈话时明确指出："现在国际上担心我们会收，我们就要做几件事情，表明我们改革开放的政策不变，而且要进一步地改革开

---

1. 陶柏康等编著：《上海经济体制改革史纲（1978—2000）》，文汇出版社2006年版，第301页。

东方璀璨
（1949—2019）

放"，"要进一步把开放的旗帜打出去"。他还说："我已经退下来了，但还有一件事，我还要说一下，那就是上海浦东的开发，你们要多关心。"[1]

1990年邓小平在上海过春节，听取上海关于开发开放浦东设想的汇报后，非常明确地表示支持。他指出："要实现适当的发展速度，不能只在眼前的事务里面打圈子，要用宏观战略的眼光分析问题，拿出具体措施。机会要抓住，决策要及时，要研究一下哪些地方条件更好，可以更广大开源。比如抓上海，就算一个大措施。上海是我们的王牌，把上海搞起来是一条捷径。"[2]

把浦东的开发开放作为中国新一轮改革开放的领头羊，构筑面向21世纪的全方位、高层次开放新格局。邓小平指出："开发浦东，这个影响就大了，不只是浦东的问题，是关系上海发展的问题，是利用上海这个基地发展长江三角洲和长江流域的问题。"[3]他强调：上海开发了，"长江三角洲，整个长江流域，乃至全国改革开放的局面，都会不一样"[4]。

1990年2月26日，上海市委、市政府正式提出了《关于开发浦东的请示》报告。4月12日，党中央召开政治局会议，原则同意开发开放浦东问题。4月18日，总理李鹏代表党中央、国务院向国内外正式宣布了这一具有深远历史意义的重大决策。[5]

---

1. 中共上海市委党史研究室编：《邓小平在上海》，上海人民出版社2014年版，第220页。
2. 邓小平：《邓小平文选》（第三卷），人民出版社1993年版，第355页。
3. 邓小平：《邓小平文选》（第三卷），人民出版社1993年版，第366页。
4. 邓小平：《邓小平文选》（第三卷），人民出版社1993年版，第376页。

月 4 日，上海市委、市政府向党中央、国务院上报了《关于开发浦东、开放浦东的请示》。6 月 2 日，中共中央、国务院正式批复上海市委、市政府原则同意上海报送的《关于开发浦东、开放浦东的请示》报告，同时指出，开发开放浦东是一件关系全局的大事，一定要切实办好，使之与 90 年代经济发展和建设外向型、多功能、现代化国际城市的要求相适应，成为 21 世纪上海现代化的象征，成为适应国际性城市及外向型经济发展需要的世界一流水平的新区。

党中央的战略决策，正式揭开了上海浦东开发开放的序幕。

三、一个着眼于长远未来的宏大工程

1990 年 4 月，上海市人民政府成立了以时任上海市常务副市长黄菊为组长的浦东开发领导小组。5 月初，设立浦东开发办公室。5 月 20 日，上海浦东新区正式宣告成立。浦东新区此时的行政区域包括原川沙县，上海县三林乡，黄浦区、南市区、杨浦区的浦东部分，面积计有 522 平方千米，户籍人口 163 万人。

浦东开发开放一开始就是一个着眼于长远未来的宏大工程。

浦东新区建设的总体目标是：依托浦西，发展浦东，努力把浦东新区建设成为具有合理的城市布局、先进的综合交通网络、完善的城市基础设施、便捷的通信信息系统和良好的自然生态环境的现代化新区。同时，要充分利用浦东开放的有利时机和政策，促进浦西发展，推动上海经济走上良性循环和外向型发展的道路，增强和发挥上海作为全国经济中心城市的功能，并为长江

开发前的浦东

流域、沿海地区乃至全国的经济发展和走向世界作出贡献。[1]

为了实现这一目标，浦东新区的规划布局按照"一心、多团、多轴"的原则，由点到线、由线到面逐步展开。从时间序列和空间排列上，在重点开发建设浦东新区中心核的同时，沿三条发展轴线逐步展开，形成 5 个各有侧重、相对独立的综合分区，分别为陆家嘴—花木分区、外高桥—高桥分区、庆宁寺—金桥分区、周家渡—六里分区和张江—北蔡分区。

浦东新区开发开放具体步骤分为三个阶段：第一是开发起

---

1. 世界经济年鉴编委会编：《世界经济年鉴（1992）》（上卷），中国出版对外贸易总公司 1993 年版，第 1127 页。

步阶段（1991 至 1995 年），第二是重点开发阶段（1996 至 2000 年），最后是全面建设阶段（21 世纪的前二三十年），在 21 世纪把浦东新区建设成为上海现代化的象征，使其成为适应国际性城市及外向型经济发展需要的世界一流水平的新区。

1993 年 1 月 1 日，上海市人民政府正式宣布成立中共浦东新区工作委员会和浦东新区管理委员会，设址于浦东大道 141 号，由赵启正任书记和主任。新区党工委下辖 3 个部门，新区管委会下辖 7 个部门，10 个职能管理部门实行党政合署，打造一个能适应社会主义市场经济、同国际接轨的精干高效的新型机构。党工委和管委会共有 800 名机关人员编制，管理近 300 万常住人口和 522 平方千米的浦东新区，涉及十分繁重的基础设施建设、规模宏大的经济发展项目和纷繁复杂的社会管理事务。浦东新区的行政管理层次上实行"两级结构"，即新区政府直接领导各街道、乡镇，不设中间层次，既精简了机构，又畅达了上下层级之间的沟通，体现了精简、高效的改革初心。[1]

至此，浦东开发开放的组织准备、规划准备、政策法规准备工作皆已完成。

四、迈出坚实的第一步

浦东开发开放初期，经济基础薄弱、城市设施落后、建设资

---

1. 熊月之总主编，朱金海主编：《上海通史·第 16 卷·改革开放时期（1978—2010）》，上海辞书出版社 2021 年版，第 532—533 页。

东方璀璨
（1949—2019）

金匮乏，要较快地实现大规模、高起点、综合性的开发目标，面临不少困难。走寻常之路，筹足了钱再建设，就会延误时机；而走改革之路，创新体制机制，浦东新区在短短十年间创造了一个又一个奇迹，实现了经济、社会的大发展。20世纪的最后十年，浦东开发开放的进程大略可以分为两个阶段。

1990至1995年是浦东新区大规模基础设施建设和形态开发阶段。为了进一步支持浦东的开发建设，1992年1月国务院宣布扩大浦东新区部分项目审批权和资金筹措渠道；1992年10月，党的十四大报告宣布："以上海浦东开发开放为龙头，进一步开放长江沿岸城市，尽快把上海建成国际经济、金融、贸易中心之一，带动长江三角洲和整个长江流域地区经济的新飞跃。"[1]把开发浦东从地方发展战略提升为全国的发展战略，有利于形成中国全方位对外开放新格局和增强中国在国际市场的竞争力。上海则以"两桥一路"带"三区"（南浦大桥、杨浦大桥，杨高路，陆家嘴金融贸易区、金桥出口加工区、外高桥保税区）为中心，集中力量进行了浦东新区的市政基础设施和重点小区的基础开发，展开第一轮十大基础设施热火朝天的建设。

1996至2000年，浦东开发开放正式转入基础开发与功能开发并举的阶段。为了支持上海国际中心城市建设和促进浦东形成金融、贸易等功能，1995年6月，国务院给予浦东扩大对外开放方面新的功能性政策。1997年9月召开的党的十五大，又对浦东

---

1. 《中国共产党第十四次全国代表大会文件汇编》，人民出版社1992年版，第26页。

新区提了新要求，希望能"在体制创新、产业升级、扩大开放等方面继续走在前面，发挥对全国的示范、辐射、带动作用"[1]。这个五年当中，在实施第二轮十大基础设施建设的同时，浦东新区加快了四个重点小区的功能开发，扩大吸引内外资，加快形成金融、贸易功能，提出"缩短战线，扩大战果""开发一片，建成一片""内增实力，外抓形象"的措施，把开发建设的重点转到"重功能、重环境、重管理"上来。

上海市委、市政府按照中央要求，坚持"振兴上海、开发浦东、服务全国、面向世界""以东带西，以西促东，东西联动"和四个"率先"（率先与国际接轨、率先实施市场经济体制改革、率先实施行政管理体制改革、率先实现经济发展的良性循环）的战略，扎扎实实，埋头苦干，很快取得了举世瞩目的发展成就。

五、翻天覆地的头十年

浦东开发开放是一条前人没有走过的路，没有现成的经验，要靠在实践中探索前行。然而，起步是坚实的，浦东开发开放前十年取得的成绩让世人感叹和震惊。

1. 经过十年建设，浦东新区的"腰包"更鼓了

浦东新区对原有产业结构进行了重大调整，新兴产业体系逐步形成，国民经济持续增长。1990 至 2000 年，全区国内生产总值由 1990 年的 60.24 亿元增至 2000 年的 920.52 亿元，年均约递

---

1. 《中国共产党第十五次全国代表大会文件汇编》，人民出版社 1997 年版，第 30 页。

增 20%；占全市的比重由 1990 年的 8.1% 上升至 2000 年的 20%。人均国内生产总值由 1990 年的 4 498 元增加到 2000 年的 56 661 元。全区社会固定资产投资累计 2 272 亿元，占全市 1/4。2000 年地方财政收入 56.4 亿元，实际利用外资累计 90.7 亿美元，占全市 1/4 强。浦东新区已经成为上海经济发展的重要增长区域。

2. 经过十年的建设，浦东新区的"客厅"更大了

2000 年末，来自世界 67 个国家和地区的经营者在浦东新区投资了 6 635 个项目，合同外资 144.51 亿美元。从 1996 年中国人民银行允许外资银行在浦东试点经营人民币业务后，已有 51 家外资银行在浦东落户，其中 24 家已经获准经营人民币业务。对外贸易迅速增长。2000 年进口额 159.06 亿元，出口额 95.80 亿元，进出口额占上海全市总量的 23.3%。自从中外金融机构、跨国公司中国总部和上海证券交易所、上海产权交易所、上海房地产交易中心、上海期货交易所、上海人才市场迁址浦东后，浦东的功能开发提高到了一个崭新的层面，与全国和世界的经济联系更加紧密。

3. 经过十年的建设，浦东新区的"面貌"更美了

至 2000 年，浦东已经基本构架了向外连通五大洲四大洋、对内连接全国各地的交通网络。陆家嘴金融街区风格各异的现代化建筑、世纪公园的优美生态环境、世纪大道的绿化雕塑展现了浦东新城区的勃勃生机，无限风光。以张家浜、三八河为重点的河道整治取得明显的效果，张家浜已经成为一条绿色的景观河流。浦东新区先后被命名为"国家卫生城区"和全国首家"国家园林城区"。

4. 经过十年的建设，浦东新区的"生活"更嗲了

围绕民生的社会事业齐头并进。教育方面，新建了中欧工商学院、杉达学院、进才中学、浦东外国语学校等120所；医疗方面，改造了东方医院、公利医院、第七人民医院，新建了瑞东医院、仁济医院东部、华山医院浦东分院，医疗床位增长28.3%，卫生人员增长11.4%；公益性设施方面，建成上海科技馆、源深体育中心、浦东游泳馆、浦东棒垒球场、浦东图书馆、浦东新区少年宫、浦东新区社会福利院等，文化事业固定资产增长14.3倍。2000年，浦东有33万户居民用上了洁净的天然气，燃气率达98%以上；人均绿地10.97平方米；人均居住面积14平方米；连续两年，商品房预、销售名列全市榜首，"宁要浦西一张床，不要浦东一间房"彻底成了过时的民谚。[1]

第二节　谋定而行：国家战略与上海智慧

上海是中国的上海。当代上海的发展是在党中央与中央政府领导下实现的，是在与长三角地区、长江流域与全国各地的联系与互动中实现的；上海城市的中心作用是在服务长三角地区、长江流域与全国时体现出来的；上海城市的定位也是在服务全国、

---

1. 王依群、徐涛：《奋楫者先：30年前，浦东如何迈出第一步》，"上观新闻"2020年4月25日，https://www.jfdaily.com/news/detail?id=240511。

驰骋世界的大格局中实现的。

改革开放初期，当上海还处于中国改革开放的"后卫"位置时，上海在全国的定位是国内多功能中心、亚洲经济贸易中心。1990年，中央决定开发开放浦东以后，将上海城市的定位提升为"一个龙头、三个中心"。此后22年间，上海城市发展的定位，从"三个中心"到"四个中心"，内涵越来越丰富，等级越来越高。这些中心都有两个面向，既面向国内又面向国际。作为国内中心，上海除了要在这些领域争创一流，还有另外一个功能，即胸怀全国、服务全国；作为国际中心，无论是工业、金融、贸易、航运，还是科技创新，上海都必须代表中国到国际舞台上去发展与竞争。

回顾改革开放以来上海的发展历程，可以清楚地看到大体上每隔十年，上海城市定位就会上一个新的台阶，每一个新的台阶都是中央的要求，也是上海的自觉；每一次定位，上海都是认真调查研究，眼观世界风云，脚踏中国实际，看清上海特色，深思熟虑，谋定后动。

一、从三个中心到四个中心

1992年10月，党的十四大报告提出："以上海浦东开发开放为龙头，进一步开放长江沿岸城市，尽快把上海建成国际经济、金融、贸易中心之一，带动长江三角洲和整个长江流域地区经济的新飞跃。"[1] 这里突出了上海的国际地位，突出了上海在长江流

---

1. 《中国共产党第十四次全国代表大会文件汇编》，人民出版社1992年版，第26页。

域与长三角地区的龙头作用，突出了上海的国际经济、金融与贸易三个中心。中央对上海城市的定位提升为"一个龙头，三个中心"。浦东开发开放和"龙头""中心"的定位，让上海在全国改革开放中的位置从"后卫"跃升到了"前锋"。

1994年，考虑到国际航运中心建设在上海经济中的特别重要性，国家又在三个中心之外加上"国际航运中心"。事实上，没有航运中心，其他三个中心便很难立足。于是，上海城市发展目标被定位为"一个龙头、四个中心"。2001年，国务院批复同意的《上海市城市总体规划（1999年至2020年）》，对上海城市的定位便是"社会主义现代化国际大都市，国际经济、金融、贸易、航运中心之一"。[1]2009年，中央政府第一次以政策性文件的形式正式明确了上海国际航运中心建设的国家战略定位。是年4月，国务院出台的《国务院关于推进上海加快发展现代服务业和先进制造业建设国际金融中心和国际航运中心的意见》，明确了上海国际航运中心建设的重大意义、指导思想和原则、总体目标、主要任务和措施。上海国际航运中心建设由注重基础设施建设阶段，开始转入提升基础设施功能与发展服务软环境并举的发展阶段。国家对上海提出了"到2020年，基本建成航运资源高度集聚、航运服务功能健全、航运市场环境优良、现代物流服务高效，具有全球航运资源配置能力的国际航运中心"的建设

---

1. 孙福庆、徐炳胜：《从经济中心城市到全球城市：上海城市功能定位的理论和实践探索》，上海社会科学院出版社2018年版，第179—181页。

目标。

在进入新时代之前，上海城市的发展目标被定位为"一个龙头，四个中心"。

二、上海智慧

20世纪90年代中期，面对新的国际背景下世界经济增长重心正向亚太地区转移的历史机遇，围绕着国家对上海"一个龙头、三个中心"的战略定位，上海便精心研究、认真讨论如何主动转型，重新走到全国前列的问题，进行了"迈向21世纪的上海"的战略研究。课题研究为时一年多，上海先后召开了三次大型国内、国际研讨会，最后形成《迈向21世纪的上海——1996—2010年上海经济、社会发展战略研究》报告。[1] 该课题研究对上海未来发展提出了一系列起点很高的、富有前瞻性的意见。

此后，上海又多次对上海城市定位问题进行讨论。在此基础上，1999年上海编制完成《上海市城市总体规划（1999年至2020年）》，上报中央。2001年5月，国务院原则同意《上海市城市总体规划（1999年至2020年）》。国务院批复指出：上海市是我国直辖市之一，全国重要的经济中心。要把上海建设成为经济繁荣、社会文明、环境优美的国际大都市，国际经济、金

---

1. 上海市《迈向21世纪的上海》课题领导小组编：《迈向21世纪的上海——1996—2010年上海经济、社会发展战略研究》，上海人民出版社1995年版。

融、贸易、航运中心之一。这一规划按照城乡一体、协调发展的方针，提出了"多轴、多层、多核"的市域空间布局结构，拓展沿江、沿海发展空间，确立了"中心城—新城—中心镇——般镇"四级城镇体系。规划明确上海是我国重要的经济中心和航运中心，国家历史文化名城，并将逐步建成社会主义现代化国际大都市，国际经济、金融、贸易、航运中心之一。规划提出上海的城市发展空间从"浦江时代"拓展到"长江时代"，在传统沪宁、沪杭发展轴线的基础上，进一步发展滨江沿海发展轴；继续推进浦东新区功能开发和形象建设；集中建设新城和中心镇；并将崇明作为 21 世纪上海可持续发展的战略空间。

整个 20 世纪 90 年代，上海以敢为天下先的精神和勇气，在多个领域进行改革探索和制度创新。在经济体制改革方面，提出以搞活企业为中心环节，综合配套推进企业、市场、政府和社会保障体制的"四位一体"改革模式；在开发区建设方面，率先建立和健全了土地使用权有偿转让制度，成为推进开发区建设的重要动力和制度基础；在国有企业改革方面，以建立现代企业制度为抓手，推动国企改革从让利放权阶段向制度构建的纵深阶段推进；在政府管理方面，率先在浦东试行"小政府、大社会"的政府管理模式，初步构建公共服务政府雏形。这些改革探索和制度创新，体现了上海作为国家改革开放前沿地区的作用和使命，为进一步完善社会主义市场经济体制提供了有益经验，也为上海经济发展战略和推进浦东开发开放战略的顺利实施提供了重要制度保障。

东方璀璨
（1949—2019）

进入 21 世纪，上海经济又面临一个新的发展环境。首先，2001 年底中国加入了世界贸易组织（WTO），为上海经济融入全球化创造了重要条件；第二，2002 年底上海申请世界博览会（简称为"世博会"）获得成功，为上海经济发展注入了新的活力；第三，中国经济发展进入了周期性的扩张期，为上海经济带来了良好的发展环境。在这种新的发展环境下，21 世纪初的上海城市发展始终保持着良好的发展态势。[1]

三、"四个中心"建设

经过 20 世纪 90 年代的基础性建设和 21 世纪初的重点推进，上海"四个中心"建设取得新进展、新突破，到 2012 年，上海基本形成了国际经济、金融、贸易和航运中心的框架。

1. 国际金融中心趋向多层多元

一是金融业规模不断扩大。上海金融业在 1995 至 1997 年、2004 至 2007 年两个阶段增长较快，2007 年上海金融业增加值超过千亿元，达到了 1 209.08 亿元。二是金融市场体系初步建成。目前，上海金融机构种类日益丰富，货币市场、证券市场、保险市场、外汇市场、期货市场、融资租赁市场等金融市场相继组建，金融市场体系已经基本形成。三是上海金融业的影响不断扩大。随着改革进程的不断推进，上海金融业不断发展壮大，金

---

1. 周振华、熊月之等著：《上海：城市嬗变及展望》(中卷)，上海格致出版社、上海人民出版社 2010 年版，第 14、30 页。

融市场在国内外的地位不断提升。2012 年，上海证券交易所股票交易额位居全球第四，股票市值位列全球第七；上海期货交易所成交合约数量居全球第二，已成为全球三大有色金属的定价中心之一；上海黄金交易所黄金现货交易量位居全球第一。四是金融机构加速集聚。中国人民银行上海总部、摩根士丹利中国总部等国内外主要金融机构陆续落户，股权投资基金、风险投资基金、融资担保公司、融资租赁公司、小额贷款公司等准金融机构和新型金融机构迅速发展。截至 2012 年年末，上海金融机构总数达1 124 家，比 2005 年年末增加 514 家。同时，金融机构资金运营中心、数据中心等功能性业务中心也快速集聚，上海逐渐成为区域金融运营的"大脑"。五是金融创新取得一定成果。上海在股票、债券、黄金、外汇和期货等市场不断推进金融产品的创新。目前，上海已经成为中国金融产品最为丰富和最为集中的地区之一。[1]

2. 国际贸易中心初显兴盛端倪

国际贸易中心的内涵包括口岸贸易中心、国际购物天堂和国际采购交易中心等基本要件。上海作为国际贸易中心，表现在三个方面：一是口岸贸易中心日趋形成。2000 至 2008 年，上海口岸年进出口贸易从 1 093 亿美元增长到了 6 066 亿美元，增长 4.5倍，年均增长率达 23.9%，进出口规模一直居全国第三位；截至2012 年，该比重已经达到了 27.4%。二是购物天堂雏形初现。从市场消费总量方面看，1980 年上海社会消费品零售总额为 80.43

---

1. 周振华等编著：《中国改革开放的排头兵：上海》，人民出版社 2017 年版，第 25—26 页。

亿元，而 2012 年已达到 7 412.30 亿元，年均增长 15.18%。百货公司聚集的徐家汇商圈，以梅龙镇广场、中信泰富广场和恒隆广场"金三角"为代表的南京西路商圈，以及淮海路、外滩商圈，都成了国际著名品牌的集聚地。三是国际采购交易中心逐步形成。1999 年商品交易成交金额为 664.51 亿元，2012 年该金额已达 10 959.15 亿元，年均增长 9.15%。上海采购交易平台建设得到较大发展，2006 年起，上海跨国采购中心每年举办一次的国际采购大会升格为国家商务部和上海市人民政府主办的国家级展会，是中国最大规模的跨国逆向采购盛会。2006 年，上海举办各类展览会 349 个，居全国第一，展会直接收入超过 30 亿元。随着会展业的发展，会展知名品牌初步显现，华东进出口商品交易会、

20 世纪 90 年代中期改造中的徐家汇
图片来源：上海市地方志办公室主办"上海通"网站

国际工业博览会品牌影响较大。同时，跨国公司采购中心进一步在上海集聚。

3. 国际航运中心呈现双轮驱动

1996 年，为推进航运市场发展，把上海建成国际航运中心，交通部和上海市人民政府共同组建国内第一个国家级水运交易市场——上海航运交易所，其基本功能为沟通航运市场信息、规范航运市场行为、调节航运市场价格，从而对航运市场的健康发展起到积极作用。1996 至 1997 年间，上海国际航运中心上海地区领导小组、上海组合港管委会相继成立，与上海航运交易所均是上海国际航运中心建设中的重要制度性推进机构。随着中海集团、中远集团等大型航运企业纷纷进驻上海，航运产业快速在上海集聚。至 2000 年，上海在全球 12 个主要航区都有航班运营，从上海港始发的集装箱班轮航线通达全球 120 多个港口。进入 21 世纪以来，上海在海港、空港的硬件环境和软实力迭代升级，有力推动着上海国际航运中心建设。具体表现为：一是海港建设取得跨越式发展。外高桥港区、洋山深水港三期、长江口深水航道整治一期二期均已完成，港口建设和航道整治已经达到世界先进水平。上海港 2012 年货物吞吐量达到 7.36 亿吨，已是世界第一大货运港、世界第二大集装箱港口。二是空港建设取得重大性突破。2007 年浦东机场扩建工程全面建成，国际货运枢纽地位率先确立。随着虹桥机场改造扩建工程基本完成，到 2012 年，上海机场货运吞吐能力达到 337.96 万吨，客流吞吐量达到 7 870.89 万人次，共有 48 个国家和地区的 114 个通航点

（含中国香港、澳门、台湾）和国内的117个通航点与上海通航，有23家国内航空公司和67家国际或地区航空公司开通上海的定期航班。

洋山深水港全景
图片来源：上海市地方志办公室主办"上海通"网站

4. 与国际经济中心城市相应的城市功能基本形成

中国经济实力不断增强和国际地位不断提升，是上海推进"四个中心"建设的强大支撑。总体来看，上海"四个中心"的基本框架已经形成，尤其是"四个中心"所需要的硬件基本上达到了国际同类中心的水平。

上海在国际的知名度和影响力不断上升。在2007年全球时尚之都排名中上海排名第14位，2007年国际金融中心排名中上海排名第24位，2008年《财富》评选中国内地最佳商务城市上海排名第一，2008年在业界普遍看好的金融中心"潜力股"排名中上海紧跟迪拜排名世界第二，上海被认为是中国未来最具发展潜力的城市。[1]

---

1. 周振华、熊月之等著：《上海：城市嬗变及展望》(中卷)，上海格致出版社、上海人民出版社2010年版，第54—55页。

上海在改革开放以后30多年间奇迹般地快速、健康发展，是中央高度重视、鼎力支持与上海艰苦奋斗共同作用的结果。有学者恰当地将上海这一阶段的发展归纳为七个转变与一个不变：

改革开放以来上海城市发展有七大转变：一是从计划经济到市场经济的转变。二是从生产型经济到服务型经济的转变。三是从相对封闭到全球开放。四是从中心聚合到圈层布局。五是从以单位为本到以人为本。六是从传统的单一到开放多元。七是从工商城市到中心城市。在这期间，上海城市发展的主线，尽管从开埠以来经历了很多转折和变化，也经历了功能多少（贸易中心、商业中心、金融中心、工业中心）、范围大小（国内、远东）的调整。但是，中心城市的功能和地位一直是上海城市发展轨迹的一条主线，并贯穿至今。就是上海城市的发展始终伴随着"中心城市"这一明确定位，无论是远东层面还是全国层面，上海作为中心城市的地位和功能始终没有变。[1]

可以说，这七个转变是上海审时度势、把握机遇、与时俱进调整战略的结果。而一个不变，即上海作为中国中心城市的功能和地位一直没有变，则是国家一直高度重视上海、一直将上海的发展作为国家发展战略的不可分割的有机组成部分的具体表现。在这个意义上，上海的成就是国家意志与上海努力共同作用的结晶。

---

1. 肖林：《在不确定中谋划相对确定的未来——面向2050年的上海发展战略》，《科学发展》第86期，2016年1月。

第三节　高歌猛进：城市基础设施大发展

上海的城市建设在 20 世纪 80 年代有所建树，但因历史欠债太多，又缺乏建设资金，仍满足不了经济发展及人民生活需要。进入 90 年代，上海以恢宏的气势成功实现了三个"三年大变样"，分别是 1992 至 1994 年"造桥、修路"，切实解决城市交通和城市基础设施建设；1995 至 1997 年"盖房、建楼"，即旧区改造、建造新房，解决老百姓住房难问题；1998 至 2000 年"美化、绿化"，即环境建设，从城市发展的长远战略出发，抓好城市管理和环境保护。上海的城市建设由"还债型"适应发展到"功能型"塑造，提升了基础设施装备水平，改善了城市自然环境和投资环境，市民生活质量明显提高，城市面貌发生深刻变化，为上海建设国际化的"一个龙头、四个中心"奠定了坚实基础。[1]

一、交通建设

1. 主干道路形成网络

上海第一条高架道路——内环线是上海"八五"期间的重大市政工程项目，于 1994 年 12 月建成通车，不仅有效减轻了市中心区域的交通压力，还通过南浦大桥和杨浦大桥把浦西和浦东的交通连为一体，对进一步开发开放浦东、促进"东西联动"起了重要作用。南北高架是上海有史以来规模最大的市政工程，于

1.　当代上海研究所编：《当代上海城市发展研究》，上海人民出版社 2008 年版，第 171 页。

1993 年 10 月开工，1995 年 12 月建成通车。延安高架道路则东起中山东二路，西至虹桥机场，分三段建设，于 1999 年 9 月全面建成通车。上海第一条由区引进外资兴建并由区政府组织施工的市重大工程——逸仙高架道路，于 1999 年 5 月建成通车。这一时期，内环线高架道路、南北高架道路、延安高架道路和沪闵、逸仙高架道路先后建成，标志着上海"申"字形高架路网全面建成，市区平均车速提高到 20 至 25 千米 / 小时，有效地缓解了城市地面道路交通的矛盾。

在建设高架道路的同时，上海还在市区内环线以内建造三条横向（东西向）、三条纵向（南北向）的地面快速干道（即"三纵三横"主干道工程），设计车速为每小时 60 千米，总长度达到

上海高架路

55.407千米。"三纵三横"主干道工程建成后，与"申"字形高架路网构成了上海立体交通网络，使城市路网布局趋于合理，路网效率得以体现。

此外，南浦大桥、杨浦大桥、奉浦大桥、徐浦大桥相继建成通车。至上海世博会召开前，上海又打通外环隧道（2003年）、大连路隧道（2003年）、复兴东路隧道（2004年）、翔殷路隧道（2005年）、上中路隧道（2008年）、龙耀路隧道（2009年）、人民路隧道（2009年）、新建路隧道（2009年）、打浦路隧道复线（2010年）、西藏南路隧道（2010年）10条隧道线，连同此前建成的打浦路隧道（1971年）和延安东路隧道（1989年），黄浦江已有12条越江隧道，进一步提高、改善了越江通行能力，促进了上海城市东西向发展轴线的形成。同一时期，上海外环线西南段和西北段、武宁路改造，莘庄立交、世纪大道、远东大道、沪青平立交建成，龙吴路拓宽等一批城市道路改造建设，为城市发展形成"由内向外"的格局创造了条件。[1]

2. 轨道交通日新月异

1993年4月9日，轨道交通1号线南段（锦江乐园站—徐家汇站）对外售票观光试运营；当年5月28日，1号线南段正式投入试运营，上海轨道交通实现零的突破。

1999年9月20日，轨道交通2号线一期（中山公园站—龙

---

1. 当代上海研究所编：《当代上海城市发展研究》，上海人民出版社2008年版，第172—173页。

阳路站）开通试运营，形成上海南北、东西向两条"十"字形轨道交通线路。2005年底，随着轨道交通1号线南北延伸段、3号线、4号线（C字形）、5号线等线路陆续建成投入运营，上海轨道交通运营线路已达5条，运营线路长度约123千米，形成"申"字形网络基本骨架，轨道交通网络初具雏形。

2007年底，轨道交通6号线、8号线一期、9号线一期以及1号线北延伸段、4号线环通段的"三线两段"开通试运营，上海轨道交通运营线路达到8条，运营线路长度约234千米，形成"一环七射"的网络形态。

至2010年末，上海轨道交通网络有11条运营线路（不含磁浮线），运营线路长度达423.46千米；运营车站273座，形成36个换乘站，其中四线换乘站1座、三线换乘站8座、二线换乘站27座、网络车辆基地19座，轨道交通线路总长及相应规模位居全球大都市前列。上海轨道交通基本形成"十字加环、四纵三横、多向辐射"，"覆盖中心城区、连接市郊新城、贯通重要枢纽"的运营网络。

与公交汽电车、出租车相比，轨道交通大多在地下运行（俗称"地铁"），既能避开地面拥堵、行驶时速又更为迅捷，且站点间行驶时间较为固定，故颇受上海市民青睐，客流快速增长。1993年4月，首条轨道交通1号线南段试运营，当年客流量为105.6万人次。1999年轨道交通客运量为10 921.5万人次，日均客运量为29.92万人次。1998至2003年，上海公共交通在出行方式中所占比重从16%上升至22.3%，中心城占比更高。2003

年，轨道交通日均客流量为111万人次，至2010年，日均客流量高达516万人次，轨道交通占公共交通客运总量比重逐年提升，由2006年的14.3%上升至2010年的32%，轨道交通在城市公共交通中的骨干作用日益显现，已成为上海市民出行的首选交通工具。2010年中国上海世博会期间，7 308万人次观博游客的交通出行，90%以上通过公共交通等集约交通方式，这正是上海实施公共交通优先发展战略成效的体现。

3. 磁浮列车冠绝全球

2000年6月，上海市和德国磁浮铁路国际公司在德国签署了《中华人民共和国上海市和德意志联邦共和国磁浮国际公司（TRI）共同开展上海市磁浮列车示范运营线可行性研究协议书》。8月，上海申通集团有限公司联合申能（集团）有限公司、上海国际集团有限公司、上海宝钢集团公司、上海汽车工业（集团）总公司、上海电气（集团）总公司等6家公司联合出资20亿元人民币［后又增加上海浦东发展（集团）有限公司，增资为30亿元人民币］，注册成立上海磁浮交通发展有限公司。12月，中国决定建设上海浦东龙阳路地铁站至浦东国际机场高速磁浮交通示范运营线。

2001年3月，上海磁浮列车示范运营线工程正式开工建设。2002年12月31日，上海磁浮列车举行隆重的通车典礼，德国施罗德总理和中国朱镕基总理亲临磁浮龙阳路车站为上海磁浮列车首次通车剪彩，这是世界上第一条也是唯一一条采用常导高速磁浮交通技术的商业示范运营线路。

2003 年 11 月 12 日，在确保安全的条件下，磁浮列车进行无荷载最高运行速度测试，5 节编组列车最高试验运行速度达 501 千米 / 小时。12 月 29 日，上海磁浮列车开始每天上午半天对外试运行。次年 1 月 29 日，上海磁浮列车开始全天对外试运行，每天从上午 8:30 到下午 5:30，运行 9 个小时。往返票价普通票每位 150 元，优等票每位 300 元。

上海磁浮示范运营线起讫站为龙阳路站和浦东机场站，不设中途站。龙阳路站位于白杨路、芳甸路之间轨道交通 2 号线龙阳路车站的南侧，是上海磁浮示范运营线的起点。浦东机场站的站位中心正对机场候机楼的中央廊道，站台长度为 210 米，车站中心位于候机楼中间廊道中心以北 100 米处，后折返道岔区位于候机楼南侧。

2005 年 12 月 1 日，为充分发挥上海磁浮列车示范运营线的交通功能，上海磁浮列车的运营时间由每天 9 小时（8:30—17:30）延长到 14 小时（7:00—21:00），发车间隔为 15 分钟，延长时段内的最高运营时速改为 300 千米。2006 年 4 月 27 日，上海磁浮列车示范运营线正式投入商业运营。

上海磁浮示范运营线自 2002 年底开通后，客流量逐年上升，从 2003 年的 20 万人次至 2010 年末已达 484 万人次。

二、公用事业

水、电、煤是上海市民日常生活接触最多的城市公共服务。20 世纪 90 年代以来，上海城市供应系统历经了多次换代升级。

东方璀璨
（1949—2019）

1. 自来水供应

由于黄浦江下游水体污染，自来水原水水质恶化。改革开放后，为提升原水水质，上海相继建设黄浦江上游引水工程、长江引水工程和长江口青草沙水源地引水工程，原水水质不断提高，满足了上海市生产生活需要。

1990 年时，上海自来水厂只有 9 家，供水总量为 13.32 亿立方米。为适应浦东开发开放和社会经济发展的需要，20 世纪 90 年代后，上海市加快供水设施建设，供水能力大大提升。供水总量到 2010 年增加至 30.4 亿立方米，日均供水能力达到 1 131 万立方米。[1] 进入 21 世纪后，为提升供水集中规模，从"十五"计划开始实施集约化供水，发挥供水规模效应，在改扩建水厂的同时，关闭小水厂，自来水水厂从 2000 年的 218 个至 2010 年减少到 105 个。

浦东开发开放后，上海自来水管网建设加快。到 21 世纪，伴随着上海经济社会快速发展，上海市人口规模迅速扩大，自来水需求增加，推动上海自来水管道建设加速。上海自来水管道长度从 1978 年的 2 150 千米到 1990 年增加至 3 483 千米，而到 2000 年增加至 15 934 千米，到 2012 年增加至 34 904 千米。

2. 电力供应

20 世纪 80 年代中期，为适应华东电网及上海地区用电迅速

---

1. 上海市发展和改革委员会编：《2011 年上海市国民经济和社会发展报告》，上海社会科学院出版社 2011 年版，第 181 页。

增长的需求，压缩烧油量，改善上海南电北送的布局，上海决定在宝山区盛桥镇石洞口建造新的大型港口电厂。1990年，4台30万千瓦改进型国产机组连续施工，一次建成，相继并网发电。石洞口电厂是上海市首家百万千瓦级的火力发电厂，也是首家实行集资办电建设的电厂，标志着上海电力设施建设在采用高参数、大容量、先进技术机组，多渠道集资上迈出坚实步伐。该厂的建成使当时上海的发电装机容量增加25%，发电量增加35%，较好地促进了上海社会经济的发展。

此后，上海的电力事业进入了快速建设阶段。外高桥电厂、燃气轮机电厂、外高桥发电厂二期等一批百万千瓦级电厂建成；吴泾热电厂扩建；本市首个500千伏直、交流超高压输变电工程——徐沪线建成，实现华东、华中电网联网运行；建设渡南Ⅰ线、石渡Ⅰ线、石渡Ⅱ线，将上海市500千伏超高压输电线路连接起来形成C型双环网；建成220千伏人民广场地下变电站、市区10座变电站、浦东12座变电站等。到1999年底，全市发电设备容量872.4万千瓦，发电458亿千瓦时，用电量501亿千瓦时，售电量358亿千瓦时，四个指标均较1985年翻了一番多；建成5家百万千瓦级的火力发电厂，总装机容量575万千瓦；建成500千伏交、直流换流站1座，500千伏线路11条，共368千米；建成35千伏以上变电站842座，供电线路9 151千米。

进入新世纪后，上海电力事业进入质量提升阶段，电源点以节能环保的新能源为主，容量进一步扩大。上海加大对新能源建设的投入，建成东海大桥风电场、崇明风力发电工程，临港太阳能光伏发电站投入运行，本市"千兆瓦级太阳能产业基地"项目启动。到2010年底，全市发电装机容量达到1 858.4万千瓦，35—500千伏变电站819座，变电容量10 932.9万千伏安，年发电量943.9亿千瓦时；最高用电负荷2 621.2万千瓦，比上年增长10.1%；年售电量1 028.0亿千瓦时，比上年增长13.5%。[1]

3. 煤气、天然气供应

上海是全国最早使用煤气的城市。但到1990年时，上海燃气总用户仅142.83万户，其中煤气用户113.19万户，液化石油气用户29.64万户，家用煤气普及率只有58%。每天仍有100多万只简陋的煤球炉在喷吐浓烟，这既是上海公用事业发展滞后的象征，也是城市大气污染的重要来源。

为更好地适应城市发展需要，解决市民用气困难和燃煤造成空气"黑烟"问题，进入20世纪90年代，上海市委、市政府下决心大力发展燃气事业，解决上海燃气供不应求的矛盾，希望到20世纪末市区全面实现燃气化。为达目标，上海先后改扩建了吴淞煤气厂和上海焦化厂，浦东煤气厂二期竣工投产，新建石洞口煤气厂。1991至1995年的5年间，上海管道煤气日供应能力达到818万立方米；同时，排设液化气输液管47千米，新建了一批大型液化气储灌站，使年供应液化气能力达到10万吨。1995年，全市家庭燃气用户总数达到338.2万户，其中市区总数

1.《上海年鉴》编纂委员会编：《上海年鉴（2011）》，《上海年鉴》编辑部2011年，第152页。

为 282 万户，燃气化率达到 86.6%，提前实现城区基本煤气化目标。[1]1999 年，上海城区平均燃气化率高达 98%，煤气生产能力达到日均 1 038 万立方米，煤气供气总量达到 20.84 亿立方米，全面实现了上海城区燃气化。

为改善能源结构，减轻城市环境污染，提高城市空气质量，有力支援浦东开发开放，上海 20 世纪 90 年代就开始谋划使用清洁能源天然气替代煤气。1999 年，东海天然气登陆浦东，标志上海正式拉开了天然气发展的序幕，全面开启天然气使用时代。当年，浦东新区 42 个小区 14.72 万户的居民用户全部用上天然气。拥有一百多年历史的杨树浦煤气厂因污染较大且设备陈旧，1999 年正式停产并关闭。2000 年 9 月，浦东地区实现天然气管道化。2000 年底，南汇县城镇也使用上天然气。[2] 此后，东海天然气按计划分区域向浦西发展。

2003 年 10 月 7 日，国家重点工程"西气东输"的天然气首次抵达终点站——上海白鹤分输站，并点燃成功。2004 年 2 月 14 日，"西气东输"最末端的奉贤区成为全市首个整体完成"西气"转换的行政区域，有 7 793 户原人工煤气用户转换为"西气"。

到 2012 年底，上海全市居民燃气用户总数 918.36 万户，其中天然气用户 508.5 万户，人工煤气用户 77.04 万户，液化气用户 332.79 万户。全市燃气管线总长 24 908.8 千米，其中天然气

1. 《上海年鉴》编纂委员会编：《上海年鉴（1996）》，上海人民出版社 1996 年版，第 247 页。
2. 当代上海研究所编：《当代上海历史图志》（下），上海人民出版社 2009 年版，第 515 页。

管线长 21 282.7 千米、人工煤气管线长 3 626.1 千米。液化石油气储配站 23 座、瓶装液化石油气供应站 370 座、车用液化气加气站 47 座，液化石油气输送管线 516 千米；事故备用站 LNG 储罐存储容积 12 万立方米（相当于天然气 7 200 万立方米）。燃气基础设施比 5 年前增长 159%。用气结构优化，燃气电厂、化工、城市交通供能用气占整个供气量的比重由 5 年前的 47% 上升到75%，占全市一次能耗比例的 6.8%。[1]

三、信息化建设

改革开放后，尤其是 20 世纪 90 年代以来，上海城市的信息化建设可谓日新月异。上海市固话交换机从步进制、旋转制、纵横制交换机逐渐升级为数字程控交换机；快速建设的数字移动电话网迅速淘汰模拟移动电话业务；从窄带网技术的开发利用，到 ADSL 取代 ISDN，再到 WLAN 的建设和 WIFI 的普及，上海市通信基础设施建设历次的增速提效都伴随着通信技术的飞速进步、人们生活水平的不断提高和互联方式的不断更新。公用电话业务从迅速发展到日趋萎缩，逐渐被私人电话替代；固定电话曾经是一枝独秀，但在移动电话的冲击下逐渐无人问津；90 年代备受青睐的无线寻呼因单向信号传输的固有缺陷，很快被双向信号传输的手机替代；有线上网推出时广受欢迎，但无线上网的面世

1.《上海年鉴》编纂委员会编：《上海年鉴（2013）》，《上海年鉴》编辑部 2013 年，第250 页。

对其产生挤出效应。时至新世纪，互联网技术渗透到了人们生活的方方面面。

1. 移动电话取代固定电话

1992 年 11 月，上海成为全国大陆第一个电话设备容量突破 100 万门的城市。世纪之交，世界范围内移动电话崛起，逐渐取代固定电话在社会中的地位。1998 年，上海邮电移动电话用户总数达 110.40 万户，成为中国大陆城市中拥有移动电话用户最多的城市。至 2012 年底，上海电话用户总数 3 911.2 万户，其中固定电话用户 902.9 万户，移动电话用户 3 008.3 万户，分别比上年度下降 2.5% 和增长 14.8%；固定电话用户普及率为 37.9%，移动电话用户普及率为 126.4%；3G 移动电话用户 748.2 万户，比上年增长 61.0%，3G 用户占移动电话用户的比例 24.9%。随着经济社会的发展和市民生活节奏的加快，灵活便捷的移动通信设备逐渐受到广大市民的偏爱，固定电话主导上海市通信运营的时代已经结束，移动电话对固话话务量分流进一步加剧，移动电话成为上海市民最主要的通信方式。

2. 互联网成为日常生活一部分

20 世纪 70 年代互联网在美国诞生。在中国，20 世纪 80 年代改革开放以后，科技界最先开始了对互联网技术的探索，并将互联网技术引入国内。1994 年 8 月底，邮电部和美国斯普林特（Sprint）公司签署因特网（Internet）网络协议，并规划投资建设中国公用计算机互联网（Chinanet），第一期工程建设北京、上海两个节点，分别通过 256 Kb/s、64 Kb/s 专线经美国斯普林特公

东方璀璨
（1949—2019）

司的 Sprintlink 与因特网互联。1995 年 1 月，邮电部电信总局分别在北京、上海设立的、通过美国斯普林特公司接入美国的 64 K 专线开通，并且通过电话网、DDN 专线以及 X.25 网等方式开始向社会提供因特网接入服务。

1995 年 5 月 17 日，上海作为中国公用计算机互联网的节点，开办了国内最早的国际互联网业务。当天，上海开放了电子信箱、文件传输、远程登录、浏览器、万维网、电子公告板等业务，用户可通过公用电话网、分组交换网、数字数据网和帧中继网等与国外计算机用户互通信息。与此同时，中国"三南"（华南、东南、西南）地区的用户计算机也可通过中国公用计算机互联网上海节点机与国际互联网互联。1995 年，系统用户共 1 062户，其中拨号用户 1 052 户、专线用户 10 户。国际互联网建设的起步，不仅开拓了民众的视野，增强了国内外交流，而且加快了上海向国际化城市进军的步伐。

至 2012 年底，上海互联网网民达 1 750 万人，比上年增长3.5%，普及率为 73.5%，增速排名位居全国第 29 位，普及率排名保持在全国第 2 位。固定互联网宽带接入用户 626.82 万户，比上年增长 18.1%，其中速率在 8 M 以上的用户 312.8 万户，比上年增长 79.1%，占固定互联网宽带接入用户的 57.8%；移动互联网用户 2 161.7 万户，比上年增长 21.3%；交互式网络电视（IPTV）用户 178.0 万户，比上年增长 16.3%。全上海市共有 237 964 个网站主办者开办 304 539 个网站，比上年实际增长 51 361 个。网站主办者中 68.48% 为单位，31.52% 为个人。在各区县中，开办网站最多的是浦东新区，共开办网站 27 054 个，网站数超过 1 万的还有闵行区、徐汇区、普陀区、黄浦区、嘉定区；开办网站最少的是崇明县，为 1 178 个。互联网应用遍地开花，Email 通信、电子商务、移动支付等渗透到市民生活的方方面面。

第四节　盛世大会：上海世界博览会

大型国际会议通常具备五要素，即国际影响、国家使命、有意义的主题、优质的服务（包括宾馆、会场、翻译等）与万无一失的保安系统。这类会议对承办城市有很高的硬件与软件要求，同时也给承办城市带来难得的发展契机。改革开放之后，上海也在历次承办大型国际会议中获得很好的发展契机，形成了以会强市的综合经营模式。

在举办世界博览会（下文简称世博会）之前，上海已经在 2001 年承办过第一届上海合作组织峰会与亚太经济合作组织第九次领导人非正式会议，两次会议承办对上海城市发展都很有帮助。但此前的大型国际会议，究其规模之大、时间之长、影响之广等诸多维度，都无法与 2010 年的上海世博会相媲美。上海世博会是中国首次举办的综合类世界博览会，更是新中国成立以来举办的规模最大、持续时间最长的国际活动，举国关注，举世瞩目。

一、百年梦想

世博会，英文名为 World Exhibition，前身是 1851 年英都伦敦举办的万国工业博览会，是由一个国家政府主办、多个国家或国际组织参加，展现人类在社会、经济、文化和科技领域取得的成就的国际性大型展示会。世博会因其举办规格高、参展主体多、持续时间长、展出规模大，故与奥林匹克运动会、世界杯足球赛并称"全球三大顶级盛事"，堪称世界上最高级别的展览活动。

中国人与世博会结缘可以追溯到该项活动伊始。1851 年，在第一届万国工业博览会上，广东商人徐荣村以 12 包精挑细选的"荣记湖丝"质压群芳，独获金、银大奖。[1] 此后，中国发现世界、走向世界、融入世界的脚步从未停歇。1873 年，清政府第一次以官方名义组织并派代表出席第四届奥地利维也纳万国博览会，但由于特殊的时代背景，参展世博会的事务交由外国人经办，当时受命的是时任中国海关总税务司的英国人赫德，他委派广州海关副税务司包腊代表中国参加该届世博会。1876 年，中国首次派出国人——工商业代表李圭，以国家身份参展第六届美国费城世博会。他回国后撰写了一本名为《环游地球新录》的游记，记录了

---

1. 《北岭徐氏宗谱》记载，"荣记湖丝"被颁发金、银大奖，由英国的维多利亚女王亲自颁发奖牌、奖状。徐荣村请画师把在世界博览会上所获奖状的图案"翼飞美人"描摹下来，用作荣记产品的新商标。翻查伦敦世博会档案数据，该次世博会没有颁发过金奖或银奖。第一届伦敦世博会颁发的是两种奖牌：一种是"新发明和新技术"奖牌，共颁发 170 枚；另一种是"制造业和手工业"奖牌，共颁发 2918 枚，两种奖牌都是铜质的。据《1851 年世博会颁奖名录》，在"用于制造业的植物和动物物品"中，倒数第二位就是来自中国的 YUN-KEE（OF SHANGHAE），CHINA, SILK（上海"荣记"丝绸）。据此可知，徐荣村获得的是"制造业和手工业"奖牌。将《北岭徐氏宗谱》里的图样与伦敦世博会奖牌的现存实物比较，宗谱所绘的奖牌是"制造业和手工业"奖牌的正背两面。

参加费城世界博览会以及周游世界的所见所闻所思，成为早期中国人放眼看世界的重要著作之一。此后，中国多次参加世博会，世界更加了解中国，中国也成为万国盛会不可或缺的一分子。

《北岭徐氏宗谱》里的图样与伦敦世博会奖牌实物

　　"一百年前就有中国人提出要在中国举办世博会……但由于当时中华民族内忧外患、国力衰微，举办世博会只能是一个遥远的梦想。"[1]新中国成立后，中国共产党早期领导人张闻天曾提议，在上海举办国际工业博览会。[2]然而，新中国成立时间不长，百废

---

1. 温家宝：《弘扬世博理念　推动共同发展——在第七届上海世博国际论坛开幕式上的致辞》，http://www.gov.cn/ldhd/2009-11/12/content-1463011.htm。

2. 张勤龙：《1958年，张闻天建议上海举办世博会》，《解放日报》2010年1月22日，第15版。

待兴，梦想再次搁浅。20世纪80年代中期至90年代初期，上海市领导提出举办世博会，组织专家进行开展可行性研究。由于当时上海自身客观条件的束缚，中国不是国际展览局成员国而没有申办权，这些努力停留在研究阶段未能付诸实施。1993年5月3日，在经由国务院批准并获国际展览局确认后，中国国际贸易促进委员会以国家名义正式申请加入国际展览局，并于当年12月被选为该局信息委员会会员。自此，中国申办世界博览会的历史篇章正式掀开第一页。

经过浦东开发开放的十年快速发展，世纪之交的上海已成为中国改革开放的龙头城市，国际性大都市日渐成形，终于具备在世界舞台上再领风骚的实力。1999年5月31日，上海市政府在第34次常务会议中决定申办2010年世博会，并成立相关申办工作筹备小组。7月16日，上海正式向国务院提出申办2010年世博会的请示。11月18日，国务院批复同意上海申办世博会。12月8日，在国际展览局第126次成员国大会上，国际展览局中国首席代表、中国贸促会副会长刘福贵宣布中国政府申办2010年世博会。2000年3月17日，由国务院批准的2010年上海世界博览会申办委员会（下文简称"申博办"）成立，负责领导申博工作，协调中央、国务院有关单位和上海市有关申博工作的重大事务。同年6月27日，上海市政府成立由市长徐匡迪任组长，26家市委、市政府有关部委办局和企事业单位为成员单位的2010年上海世博会申办工作领导小组，全面负责上海申办世博会的组织协调、沟通联络、综合规划、研究开发、宣传推介、考察接待、申请陈述、外交努力等事宜。

2001 年 5 月 1 日，中国正式向国际展览局递交申办 2010 年上海世博会的中华人民共和国申请函。2002 年 12 月 3 日，在蒙特卡罗举行的国际展览局第 126 次成员国大会上，89 个成员国的代表经过四轮无记名投票，中国上海在激烈的竞争中胜出。国际展览局主席诺盖斯庄严宣布："2010 年世界博览会举办地是中国上海！"会场内外一片沸腾，五星红旗徐徐展开，"中国上海""我们胜利了"的欢呼声此起彼伏。夙愿终偿，百年梦圆。此前一年，北京奥运会申办成功，中国接连赢得两次全球顶级盛会的举办权，标志着中国经过 20 多年的改革开放，经济社会持续发展，综合国力不断增强，国际地位显著提升，得到了国际社会广泛认同。

"世界给中国一个机会，中国还世界一个精彩！"[1]

二、八年筹办

在世博会 150 多年的历史上，中国 2010 年上海世博会是国际展览局第一次在发展中国家举办的注册类（综合类）世博会，可资借鉴的前人经验缺乏。而举全国之力办好世博盛会始终是中国各族人民的共同愿望，各方通力合作，经过 8 年奋战，上海终于不负所托，成功举办了一场令世人难忘的盛会。

---

1. 上海世博会志编纂委员会编：《上海世博会志》，上海人民出版社 2020 年版，第 5 页。

1. 主题演绎

主题是世博会的灵魂。主题的选择和宣传是申办成功的关键之一，主题演绎是世博会精彩、难忘的关键之一。

早在 20 世纪末期，上海市政府发展研究中心就曾成立主题研究组，专门着手上海世博会主题选择的研究工作。上海世博会组织者为了让世博会主题尽快落地，组织多轮中国馆、主题馆展示方案策划，广泛听取国内外专家学者有关主题演绎的意见和建议，吸纳集中各方面的智慧和力量，最终确定上海世博会主题为"城市，让生活更美好"（Better City，Better Life）。

按照国际展览局的要求，同时也为了弥补上海世博会主题表述过于简单而难以被人理解的缺陷，申博办在组织编写《中国2010 年上海世博会申办报告》时，又将主题加以细化，确定五个副主题：（1）城市多元文化的融合；（2）城市新经济的繁荣；（3）城市科技的创新；（4）城市社区的重塑；（5）城市与乡村的互动。2007 年 6 月 4 日，国际展览局例行执行会会议讨论并通过由上海世博局出访团提交的五个概念的主题内容框架，上海世博会主题馆的核心框架及内容得到最终的确定，成为主题演绎历程中一个重要的里程碑。上海世博会设立城市人馆、城市生命馆、城市星球馆、城市足迹馆、城市未来馆五个主题馆，与展示理念紧密结合，是整个世博园区中反映主题最集中的场馆。此外，上海世博会还设置生命阳光馆、公众参与馆、世博会博物馆三个主题展馆。

主题展馆以外，中国国家馆，作为 2010 年上海世博会一大重点，其方案制定与设计理念尤其重要。方案设计从 2005 年 5 月持续至 2007 年 12 月历经四次征集才得以成形。最终确定展馆主题为"城市发展中的中华智慧"，设计理念和整体构思为"东方之冠、鼎盛中华、天下粮仓、富庶百姓"，表达中国文化的精神和气质。中国国家馆展馆共分三层，展示总面积达 1.5 万平方米。展示分三部分，第一展区：探寻"东方足迹"。重点展示中国城市发展理念中的智慧，其中多媒体综合展项播放的一部影片，讲述改革开放 30 多年来中国自强不息的城市化经验、中国人的建设热情和对于未来的期望；名画《清明上河图》，以巨幅动态电子版的形式，传达中国古典城市的智慧。第二展区：展开"寻觅之旅"。采用轨道游览车，以古今对话的方式让参观者在最

中国馆

短的时间内领略中国城市营建规划的智慧，完成一次充满动感、惊喜和发现的参观体验。第三展区：聚焦"低碳行动"。聚焦以低碳为核心元素的中国未来城市发展，展示中国人通过"师法自然的现代追求"应对未来的城市化挑战，为实现全球可持续发展提供"中国式的回答"。[1]

2. 组织机构

上海世博会事务协调局（以下简称"上海世博局"）成立于2003年10月30日，主要职责是承担上海世博会执委会在决策、协调中的日常工作，负责上海世博会筹备工作的日常组织管理，协调与上海世博会有关的对外合作交流活动及世博会的运营工作。[2]最初内设八个机构：办公室、联络部（后改称国际联络部）、公共关系部、市场开发部、建设协调部、人力资源部、财务管理部（后改称计划财务部）、法律事务部。2004年1月5日，上海世博土地储备中心成立。6月，国家成立中国2010年上海世界博览会组织委员会和2010年上海世界博览会执行委员会。

2006年4月，上海世博局组织架构进行新的调整，所有内设机构划分为综合、展事、建设、运营、三招、保障六大模块。同年6月至8月又经过调整改为综合、展事、建设、运营、推介、

1. 《上海年鉴》编纂委员会编：《上海年鉴（2011）》，《上海年鉴》编辑部2011年，第17—19页。
2. 新华通讯社编：《中国2010年上海世博会传播手册》，上海人民出版社2010年版，第151页。

保障六大模块，下设 17 个部门。

　　为更好地开展组织协调工作，上海世博局的架构后又经整合，2009 年调整为五大模块，即参展服务、工程建设、运营、宣传与活动、综合保障。2010 年 1 月 31 日，成立出入口管理部、世博中心管理部、演艺中心管理部。2 月 26 日。世博会标志管理办公室正式成为法律事务部部属机构。3 月 30 日，演艺中心管理部更名为世博文化中心管理部。4 月 21 日，园区运营指挥中心更名为园区运行指挥中心。至世博园区开园前，世博局下辖内设机构 53 个，其中一级机构（局属部门）46 个，二级机构（部属机构）7 个。

3. 空间确定

　　上海世博会园区选址将黄浦江两岸开发和上海城市发展与改造相结合，最终选择了南浦大桥与卢浦大桥之间上海城市中心的黄浦江两岸区域。

　　世博会园区跨越浦东新区、黄浦区和卢湾区，占地面积 3.28 平方千米，加上周围的停车场、世博村等配套服务，规划红线控制面积 5.28 平方千米。世博园区动拆迁是新中国成立后上海最大的动拆迁项目，涉及这三个区的 18 265 户居民和 447 家企事业单位。他们为世博园区建设做出了重要贡献。上海世博会动拆迁工作不仅保证了世博会用地需求，而且也改善了居民的生活条件，户均居住面积从原来 30 平方米上升为 75 平方米。

　　此次动拆迁促进了黄浦江两岸的综合开发利用，为全市城区功能建设夯实了基础。世博会园区建设工程量很大，总建筑面积

东方璀璨
（1949—2019）

达 230 万平方米，配套服务设施 40 万平方米，共建设场馆 300 多座。其中包括中国馆、主题馆、世博中心、文化中心和世博轴组成的"一轴四馆"，以及世博村、城市最佳实践区部分场馆在内的永久性建筑；还包括 42 个外国自建馆、42 个租赁馆、11 个联合馆、18 个企业馆、中国港澳台各 1 个馆以及城市最佳实践区部分场馆在内的临时性建筑。此外，还有园内服务设施和穿越园区的越江隧道、轨道交通等大市政配套项目等。这些项目投资主体多、交叉作业多、相互影响大、协调难度高，建设工期非常紧迫，仅千余天。建设者们克服重重困难，按时按质完成建设任务，确保上海世博会如期举行。[1]

4. 招客与招展、招商

招客与招展、招商共同组成世博会筹办期间三项主要工作，也是历届世博会举办的落脚点。

对内，上海依靠由世博会组委会联络小组牵头的国内参展联络机制，搭建全国办博大平台，多次召开国内参展工作会议，与国内各省区市密切磋商，尽可能地为各省区市参展创造良好的条件。与国务院港澳办等部门赴香港澳门调研，推进港澳地区参展工作，与国台办一起促成了台湾地区参展。经过努力，本届世博会实现了中国内地 31 个省区市和港澳台地区全部参展。

对外，上海世博会实行"4+1"国际招展机制，该机制由上海市政府牵头，由外交部、商务部、上海市、中国贸促会四家单

---

1. 上海世博会志编纂委员会编：《上海世博会志》，上海人民出版社 2020 年版，第 8 页。

第五章

227

迈向国际大都市（1990—2012）

位，加上上海世博会中国政府总代表共同组成。[1] 通过与对外友好城市联合举办 14 次"上海周""上海日"等综合性活动，地域范围遍及法国、日本、俄罗斯、西班牙、英国、韩国、比利时和中国台湾等多国多地。为让世界各国企业、商家了解上海世博会的商机，上海世博局举办五次海外研讨会，对外宣传。首发于 2008 年 9 月 22 日、历时三年的海外推介会也是上海世博会海外沟通推介工作的重要组成部分。2010 年 4 月 28 日，上海世博局更新的参展数量达到 246 个，其中国家 190 个，国际组织 56 个，包括 19 个尚未与中国建交的国家，充分彰显了世博会跨越政治、种族和宗教信仰的包容性。

筹展阶段，上海世博局建立一套组织机构来保障招商招展的运行。自 2006 年 3 月中国东方航空股份有限公司签约成为首家全球合作伙伴，至 2010 年 5 月世博会开幕前，上海世博会共签约品牌赞助企业 65 家，包括 13 家全球合作伙伴、14 家高级赞助商以及 31 家项目赞助商，招商总额逾 70 亿元；另外，还有专项赞助企业 7 家，为上海世博会筹备和运行的物资和资金保障做出重要贡献。2010 年上海世博会的 65 家赞助企业具有广泛的代表性。[2]

5. 最后冲刺

2010 年 3 月 10 日，在上海世博会筹办工作冲刺阶段，上海

---

1. 《上海世博》杂志编辑部编：《世界文明的盛会——走进中国 2010 年上海世博会》，上海人民出版社 2009 年版，第 73 页。
2. 《上海世博会招商赞助总额逾 70 亿元——创历届世博会之最》，《中国青年报》2011 年 1 月 6 日，第 6 版。

市世博会筹办工作领导小组调整为上海世博会工作领导小组。4月15日，上海举行"迎世博600天行动计划"总结大会。

上海世博会组织者借鉴历届世博会成功经验，在2010年4月20日至26日上海世博会临近正式运行前举行6场试运行。试运行从雨天开始至雨天结束，每场参观者3万—30万人次不等，6场累计92.9万人次。通过6场试运行，系统检查了世博会各项准备，全面检验了设施运行、服务保障、指挥调度、突发事件应对等实战能力，提升世博园区内外软硬件水平和配合协作能力，为建立迅速发现问题、及时解决问题的机制积累经验，为世博会正式运行奠定良好的基础。

三、184天举办

上海世博会于2010年5月1日开园，10月31日闭园，历时184天。这是上海也是中国第一次举办如此大范围、高规格的注册类世界博览会，是上海城市第一次以如此全面的形象直接地展现在全世界面前。这是一届精彩难忘的开放盛会、极为成功的博览大会，创造了世界博览会史上多项纪录。

1. 参展规模之"最"：246个国家和国际组织参展

中国的盛情诚邀得到了国际社会积极响应，最终有189个国家、57个国际组织确认参展上海世博会，打破了2000年德国汉诺威世博会保持的177个国家和国际组织参展的纪录，改写了历届世博会国际参展方数量的历史。值得一提的是，由于2010年世博会首次在发展中国家举办，与中国素有友谊渊源的非洲国家亦力挺上海世博会，非洲大陆 53 个国家中有 50 个确认参展，其中约五分之一的国家从来没有或已多年没有参与过世博会，这意味着世博会再也不是发达国家的"专利"。

2. 参观力度之"最"：102 批副总统以上政要参加

外国政要莅临开、闭幕式或各国国家馆日是历届世博会的惯例，上海世博会参展国创下历史纪录，也引发连锁反应带来新的"总统纪录"。据统计，参加上海世博会的副总统以上政要达 102 批，184 天的展期吸引海内外 7 300 万人次参观，上海世博会以最广泛的国际参与度载入世博会史册。

3. 展区展馆之"最"：园区面积冠盖历届世博会

在筹建方面，上海世博园区总面积达 5.28 平方千米，其中浦东部分为 3.93 平方千米，浦西部分为 1.35 平方千米，占地面积冠盖历届世博会。作为首次在特大型城市中心城区举办的世博会，上海世博会动迁了 272 家企业、1.8 万多户居民，动迁量创历届世博会之最。除展区面积外，上海世博会外国自建展馆数量达到了创纪录的 42 个，其数量为历届世博会之最。

4. 举办活动之"最"：平均每天演出 100 场

上海世博会排定的国家馆日和国际组织荣誉日的规模均创世博历史新高，参展的国家中，159 个国家申报了 237 个国家馆日活动；参展的国际组织中，30 个国际组织申报了 15 个荣誉日活动。此外，上海世博会的文化演艺活动也创历史之最，节目总数超过 800 个，总场次 17 000 多场，平均每天演出 100 场。其中，"欢乐盛装大巡游"在 184 天会期中，每天都会在世博园的浦东和浦西园区上演，数百名演员的参演阵容呈现世博会史上最大盛装巡游。

5. 志愿服务之"最"：200 万志愿者规模赶超北京奥运会

世博会期间有 7 万名园区志愿者、13 万名城市志愿服务站点志愿者和近 200 万名城市文明志愿者，活跃在世博园区内外以及城市的每个角落，此规模超过北京奥运会。上海成立由 16 万名行业职工参加的窗口服务志愿者队伍，组建超过 10 万人的交通文明志愿者队伍，建立 25 万人的清洁城市志愿者队伍，组建 80 万人的平安志愿者队伍等。在世博会期间，有 197 万人直接参与到城市文明志愿服务活动中，共同服务世博、奉献世博。

6. 媒体报道之"最"：参与报道中外媒体记者达 1.4 万人

自 2009 年 12 月 18 日上海世博会媒体报名注册工作启动以来，境内外媒体采访报道上海世博会的意愿强烈，纷纷致电致函世博局询问有关报名事宜。参与上海世博会报道的中外媒体记者达 1.4 万人，创历届之最，其中境外媒体人员超过 3 400 人。值得一提的是，上海世博会有 100 名大学生成为正式的注册记者，这是中国大学生记者第一次以正式注册记者的身份，深度参与大型活动的宣传和推广，也是世博会百年历史中第一次出现大学生记者的身影。

7. 城市规模之"最"：上海实住人口已达 2 200 万

世博会所在的城市规模是历届世博会之最。上海这座城市，2010 年实住人口已经达到 2 200 万，其中外来人口就有 800 万之多。

8. 获得支持之"最"：主办国设立 1 亿美元专项基金

上海世博会设立了 1 亿美元的专项基金，用于为发展中国家提供参展便利，这也是历届世博会的最高纪录。"世博会不是发达国家的专利"，中国驻国际展览局代表周汉民对当年申博时中方承诺的 1 亿美元参展援助计划记忆犹新。他表示这笔来自东道主的资金，力促发展中国家在参展过程中"不掉队"，这一援助金额在世博会历史上堪称最高纪录。"世博会不仅是经济和科技盛会，也是世界文明的荟萃，发展中国家有大量的文明成果与世界共享。"

9. 面临挑战之"最"：各种挑战可谓前所未有

国际展览局秘书长洛塞泰斯曾指出："我们在差不多 8 年前开始筹备上海世博会的时候，当时就已经预计到本届世博会所面临的挑战可能是前所未有的。"洛塞泰斯表示，上海世博会的场馆面积是世博会历史上最大的，参与者、来访者人数也是有史以来最高的，同时参展方的数量也是有史以来最大的。因此，上海世博会在交通方面、人员排队方面其实都面临着一些挑战。如何把上海世博会的园区打造成一个舒适的空间，能够为几百万、上千万的游客提供舒适便捷的环境，这是一个很大的挑战。上海世博会不仅做到参展方的数量是最大的，同时也保证了参展的高质量。

10. 创新改革之"最"：159 年来首次以"城市"作为展品

如果说上述创纪录仅是出色东道主的完美见证，那么以下更具深意的新纪录则彰显了改革家的气魄：在城市化浪潮中，上海世博会首次将"城市"作为展品，城市最佳实践区和网上世博会堪称两大创举。另外，上海世博会首次以"城市"为主题，这在世博会 159 年历史上前所未有。这一主题凸显了人类社会已经迈入了一个重要的时代,就是城市时代。这一时代仅仅历经了 200 年时间——1800 年全球只有 2% 的城镇化率,1900 年上升到 13%,2010 年 67 亿地球村民中已有一半以上居住在城市。上海世博会提出这一个主题,是契合时代发展的一种表现。[1]

2010 年,对上海乃至全中国而言,是一个既期冀已久又激动振奋的一年,国人的百年世博梦终于在这一年圆满实现。2010 年世博会是中华人民共和国成立以后举办的规模最大、持续时间最长的国际活动,举国关注、举世瞩目,在中国上海召开可谓适逢其时。

上海世博会不仅展示了中国经济 30 多年持续高速增长的成就,同时也推进了上海城市基础设施建设、产业结构升级和科技应用,加强了上海与世界各国各大城市的经贸互动。通过举办世博会,上海的城市管理水平、城市文明程度、市民素质得到全面提高,城市国际影响力显著提升,上海城市品格得到了空前的淬炼与彰显。以会强市,通过主办、承办大型国际会议,集中解决城市发展中的一些难题,进而提升城市竞争力,扩大城市影响力,是上海在城市发展中走出的一条特别的路径。[2]上海世博会主题"城市,让生活更美好"给上海的未来发展带来许多新的思考,成为"人民城市"理念发端的一大前言。

---

1. 熊月之总主编,朱金海主编:《上海通史·第 16 卷·改革开放时期(1978—2010)》,上海辞书出版社 2021 年版,第 1057—1059 页。
2. 熊月之:《魔都上海的魔力与魔性》,上海辞书出版社 2023 年版,第 227—229 页。

第五节　城市，让生活更美好

　　经过 30 多年的改革开放，上海城市发生了全面、系统、深刻的变化。从空间布局、物质形态看，任何一个经历过或眼见了这 30 多年变化的人，都能直观地感受到：上海市区变大了，由先前 600 平方千米的中心城区，扩大到 6 000 平方千米的广大地区；房屋变高了，1978 年以前上海 8 层以上房屋总共才 135 幢，新世纪第一个十年后，这个数字已经变成 22 998 幢，其中 30 层以上的高楼就有 1 066 幢；夜晚变亮了，霓虹灯变多了；水变清了，苏州河已由黑臭变为清澈，苏州河两岸已是垂柳依依、花香袭人，苏河湾、清水湾已是环境幽雅的宜居之区；土地变绿了，上海世博会召开的那年，上海绿化覆盖率已达 38.2%，市区人均占有绿地已从 1978 年以前的 1.69 平方米，增加到人均 13 平方米。交通变得畅通了，出行方便了，无论是空中飞机、陆上高速公路，还是轨道交通，都较以前大为便捷。最让上海人感受深切的是住房变大了，1978 年以前，上海市区人均住房面积仅为 4.5 平方米，到 2010 年已增加到人均 17.5 平方米。与这些生活环境的改善相一致，上海人寿命也变长了。上海市户籍人口期望寿命，从 1978 年的 73.35 岁，增长到 2010 年的 82.13 岁。[1] 上海用开放、创新、包容的城市品格，实践着"城市，让生活更美好"

---

1. 数据主要采自《上海年鉴》编纂委员会编：《上海年鉴（2011）》；国家统计局国民经济综合统计司编：《新中国五十年统计资料汇编》，中国统计出版社 1999 年版。

东方璀璨
（1949—2019）

的诺言。

一、衣食住行的巨变

1. 服饰文化与时尚产业

服饰是人类物质生活中的一大要素，又是社会文明的重要标志。服饰除了满足人们的生活需要之外，还代表着一个时期和一个地区的文化元素。

"文革"期间，上海的服饰与全国各地并无二致，草绿军装、军帽以及"老三色"（蓝、白、灰）、"老三装"（中山装、军便装、青年装）成为全国统一的服饰。十一届三中全会之后，告别了"老三色""老三装"，上海人着装的流行意识和时尚产业复苏发展。

这一时期，上海服饰文化的形成和发展，不仅是追求时髦讲究衣着的都市习俗之沿袭、衣着家教的熏陶以及生活环境的影响，也是当时社会重视服饰美学的教育与普及的结果。除了少数如《上海服饰》《ELLE——世界时装之苑》和《上海时装报》是创刊于20世纪80年代外，其他如《时尚》《瑞丽》《时尚先生》《HOW好》《国际服装技术》《国际服装动态》（WFD）和《大都市》《中国服饰报》《服装时报》等一大批时尚杂志与报纸大都是创刊于20世纪90年代。《解放日报》《文汇报》《新民晚报》《青年报》《劳动报》等主流报纸也会开设各种关于服饰装扮和流行时尚的专栏，《青年社交》《美化生活》等生活类杂志以及1998年创刊的《申江服务导报》均刊登有大量的服饰时尚类信息。20世纪 90 年代，上至人大、政协以及政府部门，下到公司、学校的工会，时常邀请服饰专家进行服饰装扮讲座，不少服务型企业甚至将此列为员工教育的一部分。日渐丰富的电视节目、纷繁的时尚类产品广告则成为时尚传播的中介体，如 1991 年电视连续剧《渴望》热播，就曾经引发"惠芳服"流行。1996 年后，门户类互联网站的时尚栏目以及生活和时尚类网站也逐渐成为年轻人接受和交流时尚信息的重要渠道。服饰类书籍不断涌现，《世界名师时装鉴赏辞典》和《国际服装名牌备忘录》分别作为中国第一部解读国外时装设计师和国际服装品牌的著作于 1991 年和 1997 年在上海出版。

上海的时尚杂志

与此同时，上海时尚产业再度振兴。在 1998 年的上海新一轮产业结构调整中，服装业被定位为城市型工业之一并被保留在中心城区，同时加以重点扶持和开发，这些均为上海服装生产和消费的进一步发展创造了有利机遇和发展条件。上海服装业不但举办了各类时装大赛，还积极与国际合作，举办了各类服装展示会，开阔了人们的视野，时尚品位日益引领全国风潮。其中影响最大的当为上海国际服装文化节（Shanghai International Fashion Culture Festival，简称 SIFCF）。该时尚盛事是由上海市人民政府和中国纺织总会（后为国家纺织工业局）主办，以"美丽世界也美丽自己"为口号，集专业与民众、工商与文化为一体，自从1995年开始每年一度，连续举办。

进入21世纪后，上海的服装产品变得更加多样，人们可以按照自己的理解去着装，无中心、无规律、无权威成为大趋势。商店的服装琳琅满目，国内品牌、国际品牌样式齐全，既有对传统服装的延续，也有对时尚服装的探索。这时候讲究的是什么样的服饰适合自己，可以穿出自己的个性来。尤其是2001年，中国正式加入世界贸易组织（WTO）之后，通过"引进来"与"走出去"，上海市面上的服装流行已经基本与国际同步。上海国际服装文化节依然每年举办；此外，2004年起，另一场时尚盛会——上海时装周也如约而至。上海时装周一年一度，成为体现预测趋势、引领潮流、展示经典、推广海内外高级时装品牌的一个贸易展示平台。

2. 饮食与健康

民以食为天，菜价是老百姓最关心的问题。上海蔬菜价格呈现长期走高、短期波动的运行特征。上海菜价主要受制于蔬菜的供求状况。除市场自身因素外，自然灾害、季节、人为炒作等非市场因素也会冲击短期供求关系，由此造成市场价格的异常波动。避免"菜贵伤民""菜贱伤农"是政府面临的重要工作。

20世纪80年代末，面对菜区面积减少，吃菜人口增多的窘迫现实，上海市政府公开宣布"把菜篮子工程作为改进新一届政府工作的突破口来抓"，决定运用科学手段，把上海市民的"菜篮子"作为一项建设工程来抓。通过"县长抓菜园子，区长抓菜摊子"，到1993年底，上海市郊区已有千头养猪场436个，百头以上奶牛场170个，万羽蛋鸡场146个，10万羽肉鸡场35个，使全年的生猪出栏量达到400万头，家禽出栏量达1亿羽，鲜蛋产量1.7亿公斤，牛奶产量2.2亿公斤。淡水鱼养殖面积从4万亩扩建到16万亩，年产淡水产品21 127万公斤。全市主要副食品的自给率有不同程度提高，市场供应较为稳定。经过深化改革，上海蔬菜逐步走向市场经济，大市场、大流通的格局基本形成，出现了数量充沛、品种多样、质量提高、价格合理、上市均衡、净菜比重上升的局面。此后各届上海市市长坚持了亲自抓"菜篮子"的惯例，以更高的标准将"菜篮子工程"升级迭代。上海市政府如此重视"菜篮子工程"，不仅是着眼于其对整个国民经济作用的意义，更是对作为国际大都市的上海的人民生活和社会安定的重视。

食品供应方面，渠道单一、高度集中于国有市场和网点的状况得以彻底改变，市区集市又从边缘地区发展到市中心区，郊县集市从依乡镇、河港而设的格局向专业化和综合性贸易市场发展。随着市场经济的不断完善，以超级市场（简称"超市"）和便民店为主要载体的连锁商业也呈快速发展态势。新建的超市呈规模化、连锁化、形态多样化、分布合理化及管理信息化五个特

东方璀璨
（1949—2019）

点。迈入 21 世纪，随着居民生活水平的提高，居住环境的改变，标准化菜场服务功能的拓展，呈现出"互联网＋菜篮子"的新格局，提供的是分类清晰、保存新鲜、明码标价的销售服务方式。

与此同时，各式各样的餐饮店面新辟出来，中西式快餐、休闲餐饮、楼宇餐馆，世界各地风味汇聚申城。在激烈的市场竞争中，一大批民营饮食企业不断发展壮大，鹭鹭、小南国、美林阁、王朝、绍兴饭店、来天华、梅园邨、上海人家等餐馆品牌应运而生，成为新的上海饮食品牌，与传统的老字号品牌企业梅龙镇、新雅、绿波廊、上海老饭店、绿杨村、杏花楼一样受到上海市民青睐。越来越多的市民选择春节在餐馆团聚，年夜饭生意一年比一年兴旺。

随着经济社会发展，上海居民的饮食结构正在悄悄地变化：以粮食类食品为主的饮食观念进一步淡化，粮食消费量和猪肉消费量都有所减少，家禽、鱼、奶及奶制品和瓜果的消费量有较大幅度的提高。总之，主食减少，副食增加。

值得注意的是，上海居民对营养摄入的合理性仍然重视不够。据对上海市区 500 户居民家庭食品消费情况的调查及测算，目前人均每天约从各类食品中摄入热量 2 785 千卡、蛋白质 61 克、脂肪 90 克。世界卫生组织和联合国粮农组织的专家认为，每天 2 385 千卡热量、75 克蛋白质和 65 克脂肪是维持"地球上一个普通居民"正常活动的标准饮食指标。根据这一标准，上海居民热量与脂肪的摄入水平分别超过标准值 16.8% 和 38.5%，而蛋白质的摄入量却比标准值低 18.7%。数据说明，居民的饮食结构还需做较大的调整。[1]

3. 土地批租与房地产市场

20世纪80年代的上海，经济发展速度放缓，城市基础设施落后，改造缺乏财力。单以房屋改造而论，截至1991年，全市危棚、简屋有365万平方米，加上二级旧里房屋累计1500万平方米。限于财力，从1981至1990年的十年间，全市每年只能拆除危棚简屋和二级旧里15万平方米，依此速度推算，全市需花一百年时间才能完成危棚简屋和二级旧里的改造任务。其他产业升级、交通拓展等，所需资金更是天文数字。放眼世界，中国香港、东南亚的新加坡在这方面问题解决得就比较顺利。上海能否仿照中国香港、新加坡的实践，进行土地批租？这是摆在土地管理部门面前很现实的问题。

就土地使用制度而论，当时上海城市土地使用的制度归市政府办公厅法制处管理。法制处处长钱富兴查阅了有关法律，经与上海法学界有关学者曹建明等研究，广泛地听取了各方面的意见，于1987年形成了《上海市土地使用权有偿转让办法》（以下简称《办法》）。同年11月29日，市政府发布《办法》，规定自1988年1月1日起施行。《办法》规定：土地的使用权可以通过招标拍卖、协议等方式出让，出让的最高年限：娱乐用地20年、工业用地40年、其他用地50年；土地使用权出让后，受让者可

---

1. 上海市地方志编纂委员会编：《上海市志·民政·民生分志·社会生活卷（1978—2010）》，上海古籍出版社2021年版，第62—73页。

以将土地使用权抵押、出租、转让。就创新点而言，首先是率先立制。当时的《中华人民共和国宪法》第10条第4款规定："任何组织或者个人不得侵占、买卖、出租或者以其他形式非法转让土地。"所以，上海的《办法》是在《中华人民共和国宪法》还未对土地制度进行修改、土地实行无偿无限期使用的情况下，在考察了香港的土地批租制度后，在中国内地率先组织制定的。也就是说，在国家无"大法"的情况下，先有了试点性的"小法"。因此，这个《办法》是具有创制性和试点性的，为内地土地制度的立法提供了实践经验。其次是法规先行。在上海《办法》施行之前的1987年12月1日，深圳已经开始第一块国有土地有偿使用权拍卖，在中国大陆时间最早，但是深圳那时是在没有正式法规的情况下进行的，而制定比较规范的地方法规是上海最早。

1988年《办法》实施当年，上海首次向外商出让土地使用权。通过公开招标，将虹桥经济技术开发区26号地块1.3万平方米土地50年的使用权转让给日本孙氏企业有限公司。此后，境内外开发商纷纷抢夺上海旧区改造项目，各区地块出让数急剧上升。尤其在1990年开发开放浦东后，外商和国内各部委及各省市的投资者纷纷涌入浦东参与投资开发，建设用地需求旺盛，上海就此在全市范围开启了通过大面积批租土地筹集城市建设资金的途径，上海城市建设与旧区改造由此驶上了快车道。[1]

1991年11月20日，上海调整房地产开发政策，首次明确将

---

1. 熊月之：《魔都上海的魔力与魔性》，上海辞书出版社2023年版，第268—270页。

商品房分为内销和外销两大类，以避免在土地使用双轨制的情况下，侨汇商品房和外销商品房在开发经营中的矛盾。上海市外销商品房全部实行土地批租；房地产开发企业经营的内销商品房，通过补地价可以转为外销商品房。1996年8月，上海市政府颁布《批转市房地局等六部门制订的关于搞活上海市房地产二、三级市场若干规定的通知》，主要从以下三方面政策着手：消化空置房，扩大市场需求，促进房地产二、三级市场联动。同年9月，《上海市购买新建内销商品住宅申报蓝印户口的暂行规定》出台，蓝印户口政策在全市范围内正式实施。结合降低交易税费后，1996年上海全年存量房地产交易面积较上年增加10%。基于简化交易手续、改善投资环境、推动住房消费的目标，上海先后于1999、2001、2003年归并内销商品住房种类、实施内外销商品住房并轨。并轨后效果马上显现，上海房地产市场大热起来。

20世纪90年代也是上海城市建设史上旧区改造力度最大、速度最快的十年。十年间，上海共拆除各类旧房2787.2万平方米，其中：一级旧里87.88万平方米，二级旧里1714.44万平方米，简屋511.66万平方米，完成中心城区365万平方米危棚简屋的改造任务。解决了人均4平方米以下住房困难户的困难，城镇居民人均居住面积达到10平方米以上。"365"危棚简屋改造任务完成后，新一轮旧区改造按照"政府扶持、市场运作、市民参与、有偿改善"的原则，实行货币安置为主，"拆、改、留"并举的改造政策。结合"世博会"主会展区的动迁，总共改造拆除旧房2053万平方米，拆除二级旧里和危房简屋700万平方米，使 28 万户居民受益。1999 年 4 月 6 日，上海市房地产管理局设立"上海市廉租住房管理办公室"，通过在长宁、闸北两区先行试点，2002 年底，廉租住房制度在全市全面展开。

世纪之交，上海放开房地产市场，国内外房地产商纷至沓来，各行各业竞相涉足房地产，出现了前所未有的房地产开发投资热，推动了房地产市场快速发展。房地产开发投资迅速增长，商品房竣工面积大幅增加，使得上海市民人均居住面积明显扩大，房地产业对国民经济增长的贡献率大大提高，形成了房地产业发展的第一个高峰期。但是，房地产市场超常增长也带来了房地产投资有一定的盲目性等问题。土地供应过多，房地产开发投资规模过大，商品房供给过剩，空置率畸高。房子成了上海居民或贬或褒、嘴边离不开的一个公共话题。

4. 上天入地、跨江越海

改革开放初期，上海市民的出行难还没马上得到解放。在城市基础设施建设没有大规模开展的情况下，上海市的就业岗位、居住人口绝大部分聚集在浦西的中心区范围内，缺少快速交通支持，仅仅依靠常规的地面公共汽（电）车和自行车，交通难以为市民提供快速、准时的通勤出行服务。浦东和浦西之间缺乏必要的交通联络，郊区交通网络建设滞后，直接导致城市人口难以向外疏散，浦西人口、岗位的高度密集造成了地面交通拥堵状况加剧。城市交通体系发展的滞后，很大程度引发了"宁要浦西一张床，不要浦东一套房"观念的流行。城市中心的极度单一、城市功能的集聚也很大程度上制约了上海向国际大都市发展的进程。

随着浦东的开发开放，上海市的城市用地面积扩大。全市建成区面积逐步扩大，从浦西扩大到浦东、从中心区（内环线内）拓展到外围区（内外环线之间），并且部分地区（如闵行、宝山）已经超出了外环线的范围。根据统计，全市2000年的建成区面积已经达到550平方千米，较1989年的375平方千米增长了46%。上海交通供应水平明显提高，设施量大幅度增长，轨道、高架道路、高速公路、越江桥隧等重大规划项目得以完成，甚至很多是提前完成的。上海市民的出行变得更加便利，出行选择更加立体、更加多元。

20世纪90年代，上海公共交通的显著变化是改变了原有的单一主要依靠公共汽（电）车的出行方式，逐步形成了多平面、多层次、多元化的公共交通网络格局。"叫车难"的现象得到了初步缓解，上海的出租汽车开始统一专用车色。当时，由上海市建设委员会、上海市公用事业管理局和上海市出租汽车管理处共同商议确定出租汽车色标基色，即车辆下半部分为行业统一的钻石银灰色；随后，由车辆规模在1 000辆以上的大型企业选择企业的标志色（车辆上半部分）。与此同时，在《汽车工业产业政策》刺激下，中国汽车工业发展迅猛，机动车数量也随之迅速增加。自1990年起，上海机动车总量一直保持着年均五六万辆的增长速度。到2000年底，全市机动车拥有量已经达到70多万辆（不含沪C牌照），较1990年提高了2.5倍。机动车增长直接导致道路交通量的增长。比较1995年与2000年情况，全市道路交通总量从3 500万车千米增长到5 000万车千米左右。与此同时，高峰时段上海市内环线内机动车平均车速达到了 20 千米 / 小时，较十年前提高了近一倍。随着私家车的普及，"堵车"逐渐成为上海居民的又一块心病。上海市探索出私家车发放牌照实行竞拍政策。1994 年 6 月，上海市计划委员会和上海市公安局联合颁布了《上海市私人自备车、私人摩托车上牌额度竞购办法》。《办法》公布实施以来，由指定的上海机动车拍卖行每月举行一次私车上牌额度发放的公开竞购。竞购以投标的形式举行，中标成交原则是"确定底价、价格优先、投标次序优先——按报价由高到低依次成交，报价相同者按投标登记序号先者成交，不到底价不成交"。每次发放上牌额度数量由上海市计委和市公安局决定，以此来限制私家车的快速增长。

21 世纪的第一个十年，上海城市空间格局发生很大变化，城区规模有大幅扩张。2010 年，上海陆域面积 6 430.5 平方千米，其中市区面积 5 155.01 平方千米，比 1982 年扩大了 22.4 倍，占总面积比重为 80.2%；郊区面积为 1 185.49 平方千米，占总面积比重仅为 19.8%；全市建设用地面积已超过 1 500 平方千米，达到 3 081 平方千米，约占陆域总面积的 45%。

上海市常住人口总量增长的速度不断加快。在第五次到第六次人口普查（2000 至 2010 年）期间，全市常住人口年均增长率已经攀升至 3.44%，远远高于上海市"十一五"2% 的规划目标，而全市常住人口总量更是达到了 2 300 万，大大突破 1 900 万的规划目标。全市人口分布呈现出从市区向郊区转移的趋势。

随着经济社会快速发展、城市化进程不断深入以及实有人口规模快速扩大，上海城市交通出行需求明显增加，突出表现为以下两点：

一是机动车拥有量持续增长，私人小客车成为增长主力。到2010年末，全市机动车拥有量已达到248.77万辆，比2000年翻了两番还多，而每万人拥有道路长度则仅比2000年翻了一番，地面道路建设的增长速度远不及以汽车为代表的机动车数量的增长，全市快速路网的饱和度也已明显高于20世纪末的水平。2003年来，"竞拍"这项私车拥有权管制政策逐渐演变为一项颇有成效的交通需求管理措施，使上海有别于中国其他大城市，较好地控制了城市机动车总量的增长速度。但上海私车牌照的拍卖价格一路飙升。2002年上海私车牌照平均中标价最低为20 956元；2007年10月20日举行的当年第十次私人私企客车额度拍卖结果显示，上海市私车额度拍卖中标价首次突破5万元大关。上海私车牌照拍卖制度一直存在争议。如2004年5月24日，时任国家商务部部长助理黄海点名批评上海市拍卖私车牌照的做法违反了《中华人民共和国道路交通安全法》。一石激起千层浪。一时间，全国媒体都掀起了一场上海私车牌照拍卖是否合法合理的大讨论。

二是公共交通客运能力提高，轨道交通客运走廊形成。上海世博会成功举办后，轨道交通投入运营的有12条线（含磁浮线，13号线世博段退出运营）、运营线路长达452.6千米，形成覆盖中心城区、连接市郊新城、贯通重要枢纽的"四纵三横一环"（四纵为南北走向的1号线、3号线、7号线和8号线，三横为东西走向的 2 号线、9 号线和 10 号线，以及 4 号线环线）的轨道交通网络化运营格局，为市民出行带来方便。公共交通进入地铁时代。

此外，21 世纪的上海出现了集民用航空、高速铁路、城际铁路、高速公路、轨道交通、地面公交、出租汽车等多种交通方式于一体的大型、综合性的交通枢纽。以虹桥综合交通枢纽最为典型，另有浦东国际机场、上海南站、上海站等综合交通枢纽的渐次成型。民用航空、铁路客运、水上客运都在 21 世纪进入了新的发展阶段，有新的发展内容。中国 2010 年上海世博会的举办，给上海的城市更新与交通发展带来了新的机遇。

二、精神文化生活日益丰裕

上海近代以降崛起成为中国的文化中心城市，拥有着深厚的现代城市文化底蕴。凭借丰富的文化资源与人才储备，以及独特的区位优势，上海自 20 世纪 90 年代起重新崛起为社会主义文化大都市。

整个 20 世纪 90 年代，上海文化设施建设迅猛发展，成就了精神文明"十大工程"。东方明珠电视塔、上海博物馆新馆、上海图书馆新馆、上海书城、上海影城、上海大剧院、上海广播电视新闻中心、解放日报新闻大楼、东海影视乐园和上海有线电视网络先后建成，并在此带动下，原来作为精神文明建设十大工程后补项目的八万人体育场、龙华烈士陵园也随之建成，初步改变了上海长期以来没有大型现代化文化建筑的面貌，上海文化建设工程就此迈开了跨世纪的步伐。进入21世纪，上海文化事业不断发展，城市各级文化设施建设有力推进，功能日臻完善，布局渐趋合理，并建成、改扩一批标志性的文化设施，其中以上海东方艺术中心、上海音乐厅、中国福利会少年宫综合活动楼、世博文化中心、上海文化广场、上海国际会议中心、上海马戏城、复旦大学新闻学院、广播大厦二期、上海社科国际创新基地、上海群众艺术馆、大世界等为代表。这批文化设施与20世纪90年代的十大文化设施工程共同构筑了上海作为国际一流大都市的文化基础设施框架，使上海的标志性文化设施具备了相当规模，体现出国际大都市的文化底蕴。

上海在文化体制改革方面的探索起步于1987年广电系统构建"五台三中心"。1995年，"影视合流"的改革推出；1998年，文汇新民联合报业集团成立，此后又陆续成立了文广集团、解放日报报业集团、世纪出版集团；2000年，实施"文广合流"和文化综合执法改革。与此同时，上海出台一批促进文化事业发展的经济政策，如文化单位经营收入免缴所得税、退营业税和增值税，以及对所退税实行宣传文化系统列收列支等措施陆续实施，文化单位的内部改革同步推进。重大文化活动的运作方式也灵活多样起来。2006年6月，上海市文化体制改革试点工作领导小组更名为上海市文化体制改革工作领导小组。上海市属宣传文化系统撤销数十个事业单位建制，核销事业编制数千名。电影、出版、发行、印刷、广播电视节目制作等完成全行业改制，重塑了一批国有骨干文化企业。国有文艺院团体制改革也进入议程，涉及 11 家区县属国有文艺院团。由于谋篇布局得当，多元体制发展演艺文化、多样手段扶持院团和创作的新格局逐渐形成，为上海进一步发展文化演艺事业和产业打好了体制框架。

"戏台"搭起、体制改革培育出一大批文化名人，最终导引出上海文化的繁荣景象。上海文艺演出市场日益活跃、电影市场竞争激烈、娱乐市场平稳发展、音像制品市场品种多元。电影如《摇呀摇，摇到外婆桥》《开天辟地》《走出地平线》《第一诱惑》《红河谷》《黄河绝恋》《生死抉择》，电视剧如《贞观盛事》《天梦》《儿女情长》《亮剑》等屡获大奖；舞台艺术方面，如话剧《OK，股票》、京剧《狸猫换太子》、昆剧《牡丹亭》、越剧《红楼梦》、舞剧《闪闪的红星》《白毛女》《蝶恋》等广受好评。以王安忆为代表的一大批海派文学家涌现，他们以上海为题材创作了不少文艺作品。随着城市经济的发展，在物质生活得到满足的前提下，上海市民的文化需求日益增加，这就为文化产品、文艺演出提供了充分的市场条件。而市场化的运作，使好戏连台、笙歌彻夜的盛景在黄浦江畔变成了现实。

与文艺同步的还有体育事业的发展。上海的竞技运动成绩在历届全国运动会中均列前茅，部分项目还位于世界前列，向中国国家队贡献了如姚明、刘翔、王励勤等世界级的体育明星。

1993 年，由于第一届东亚运动会在上海召开，上海再次改造了体育宫的保龄球房、虹口体育场、闸北体育馆、黄浦体育馆、普陀体育馆等，使田径、体操、羽毛球、举重、武术等项目的比赛设施达到亚洲一流水平。1997 年，为承办第八届全国运动会，上海共投入 56 亿元巨资兴建改建了 38 个体育场馆，其中上海体育馆、虹口足球场、卢湾体育馆、长宁国际体操中心、浦东源深体育中心等一批拥有世界一流设施、造型新颖别致、富有时代气息的现代化体育场馆，成为上海城市的标志性建筑。2004 年 9 月，世界体坛三大盛事之一的 F1（Formula One，世界一级方程式锦标赛）大奖赛首次登陆中国，在上海国际赛车场举行，吸引了无数观众。新修的上海国际赛车场总面积约为 5.3 平方千米，赛道总长度 7 千米左右（包括备用赛道长度），一级方程式赛道单圈长度为 5.451 千米，共有 14 个弯道，被称为世界上难度最大的赛道，最高时速可达 326 千米。这些大型赛事的举办，其意义超出体育本身，展现了上海在浦东开发开放后的精神风貌与综合实力。

第六章　新时代逐梦前行

（2012—2019）

2012年党的十八大以来，上海将创新驱动、转型发展确立为此后五年上海发展的总方针，以创新驱动发展，在发展中加快转型，在转型中提升发展质量和效益。2015年党的十八届五中全会提出创新、协调、绿色、开放、共享的新发展理念，为上海的创新转型提供了明确的思路与着力点。在此基础上，2018年《上海市城市总体规划（2017—2035年）》编制完成，明确未来上海以建成卓越的全球城市和具有世界影响力的社会主义现代化国际大都市为发展目标，确立了尊重城市发展规律、坚持以人民为中心、强化资源节约集约利用的发展思路和"底线约束、内涵发展、弹性适应"的发展模式。2019年国务院印发《长江三角洲区域一体化发展规划纲要》，长三角一体化上升为国家战略，对上海的城市功能提出新的要求。

随着上海城市的综合实力进一步跃升，上海不断推进高质量发展，产业结构不断优化。第三产业占比显著提高，2012年占全市生产总值的比重达60%，结束了长达11年在50%左右徘徊的局面，2015年更达到67.8%。[1] 这一时期中国（上海）自由贸易试验区挂牌成立，金砖国家新开发银行开业，一批国内大型商业银行在上海设立功能性总部，非上市股权交易市场启动运行，人民币跨境支付系统一期建成运行，上海国际航运服务中心启用，国

---

1. 《上海年鉴》编纂委员会：《上海年鉴（2016）》，《上海年鉴》编辑部2016年，第52页。

际航运发展综合试验区探索建设，国家会展中心建成，中国国际进口博览会连续成功举办等，上海国际金融、贸易、航运中心的功能进一步增强。第二产业质量持续提升，在深入推进制造业结构优化和布局调整的同时，加快实施创新驱动发展战略，启动张江国家自主创新示范区建设，其承接和参与的大飞机研制、航空发动机、中船长兴二期工程、先进封装光刻机等项目取得重大进展，云计算、物联网、新型显示、工业机器人等项目启动实施，建成国家蛋白质科学中心等一批科研基础设施。

上海城市核心功能实现质的飞跃。"十三五"期间，国际经济、金融、贸易、航运中心基本建成，具有全球影响力的科技创新中心形成基本框架，城市综合实力和国际影响力迈上了一个新台阶。随着综合实力和影响力的提升，上海开始重视探索城市发展的上海特色和中国特色，为城市居民创造高品质的生活。旧区改造、养老、教育、医疗、就业、环境整治等一直是历届中共上海市委、市政府的重点工作。2018年，上海推出"一网通办"改革，成立市大数据中心，通过业务流程再造，让群众、企业办事"像网购一样便利"。上海在市民公共服务方面的成就得到了中央的高度肯定，2019年11月2日，习近平总书记在上海杨浦滨江实地考察时，首次提出了"人民城市人民建，人民城市为人民"的理念。[1] 在"人民城市"理念的指导下，如何将上海建成具有人

---

1. 《习近平在上海考察调研》，新华网，2019-11-02，http://www.xinhuanet.com/politics/leaders/2019-11/02/c-1125183625.htm。

东方璀璨
（1949—2019）

民性的社会主义现代化大都市，如何实现人民对城市的共建共治共享，成为新时代下上海的新课题。

第一节　长三角一体化的龙头

　　长三角一体化最近可以追溯到从 20 世纪 80 年代启动的一场区域一体化运动。1982 至 1983 年间，上海科学研究所仇金泉，华东师范大学罗祖德、朱新轩等学者陆续合作发表了几篇有关长江三角洲区域经济规划可行性的文章并得到《新华文摘》的转载。[1] 这些前期研究，得到党和国家领导人的重视，并在相关会议上鼓励科技工作人员从事经济区域的规划，并特别提到了"长江三角洲的区域发展规划"。1982 年 12 月 10 日，第五届全国人民代表大会第五次会议批准了国民经济"六五"计划，其中明确提出了"地区协作"以及"编制以上海为中心的长江三角洲的经济区规划"。[2] 12 月 22 日，国务院正式发出《关于成立上海经济区和山西能源基地规划办公室的通知》，正式设立上海经济区规划办公室，明确"以上海为中心，包括长江三角洲的苏州、无锡、常州、南通和杭州、嘉兴、湖州、宁波等城市"成立经济区。[3] 在实际操作中，中央虽然将长江三角洲纳入规划文本中，但最终使用了"上海经济区"一词作为规划主体。

---

1. 仇金泉、罗祖德、朱新轩：《开展长江三角洲区域经济发展规划的研究》，《自然杂志》1982 年第 2 期；仇金泉、罗祖德、朱新轩、姚诗煌：《把长江三角洲建设成向现代化进军的基地》，《文汇报》1982 年 7 月 28 日，等等。
2. 全国人大财政经济委员会办公室、国家发展和改革委员会发展规划司：《建国以来国民经济和社会发展五年计划重要文件汇编》，中国民主法制出版社 2008 年版，第 422 页。
3. 国家计委国土局法规处：《中国国土法规选编》，国家计委国土局法规处 1983 年版，第 9 页。

长三角一体化的进程并非一帆风顺。20世纪80年代上海经济区设立后，也不断显现出扩容的需求。1982年底，上海经济区包括江浙沪两省一市的9个城市，此后绍兴加入；1984年10月，经济区范围调整为上海、江苏、浙江、安徽三省一市；1984年12月江西省加入，1986年8月福建省加入，至此上海经济区地跨上海、江苏、浙江、安徽、江西、福建五省一市，相当于大半个华东经济协作区的体量。但是，这种跨越数个高级行政区的区域经济发展尝试遇到了相当的阻力，上海经济区于1988年被撤销。

无法协调好政府间竞争与合作的关系可能是上海经济区最终被撤销的原因。上海经济区的设立是突破以往经济建设中条块分割、地区分割限制的一种尝试，在实际运行中却往往多方受制。据曾任职于上海经济区规划办公室的陈罡自述，由于规划办对经济区内各省市不具备行政管理权，只能尽量协调行政区之间、行政区与经济区之间的矛盾，故经济区在运作层面难以维系。[1] 不断扩容的上海经济区使规划办的协调工作愈加困难，同时随着权力下放、财政包干的改革使得中央与地方政府之间的博弈及地方政府之间的竞争可能走向地方保护主义，而在行政区经济盛行的彼时很难突破其限制。此外，当时上海自身的改革困难明显，上海的中心城市主导作用无法得到制度保证等因素也限制了上海经济区的效果。

---

1. 中共上海市委党史研究室、上海市现代上海研究中心编著：《口述上海：改革创新（1978—1992）》，上海教育出版社2014年版，第141—142页。

第六章
新时代逐梦前行（2012—2019）

机构的撤销并不代表需求的丧失，区域联合的需求不仅存在且愈加旺盛，上海经济区的改革试验使地区间企业层面的横向联合已经形成，城市经济协调会机制的创设使长江三角洲概念进一步泛化。邓小平"两个大局"思想强调"沿海地区要加快对外开放，使这个拥有两亿人口的广大地带较快地先发展起来，从而带动内地更好地发展"[1]，其表述的沿海与内地的关系，与此前均衡发展的区域思想不同，这对于长江三角洲地区经济发展具有积极意义。1990年，中央作出了开发浦东的决定，并将之作为发展长江三角洲和长江流域经济的重要政策抓手。[2] 安徽省首先响应了这一政策，提出"开发皖江、呼应浦东、强化自身、迎接辐射"的决定。[3] 1992年，长江三角洲经济协调办主任联席会议机制建立，首批参加的城市包括上海、无锡、宁波、舟山、苏州、扬州、杭州、绍兴、南京、南通、常州、湖州、嘉兴、镇江等14个。1997年，在此基础上召开了长江三角洲城市经济协调会，除了上述14个城市外，又加入了新成立的泰州市。较之1983年的上海经济区增加了扬州、镇江、南京、泰州、舟山5个城市，但远远小于扩大后的上海经济区。长江三角洲概念在城市经济协调会成立后出现了非常明显的泛化。协调会至今已召开了18次市长联席会议，从1997年成立时的15个城市经过四次扩容，增长至今天的34个城市，除了包括上海、江苏、浙江全境之外，还

1.　邓小平：《邓小平文选》（第三卷），人民出版社1993年版，第277—278页。

2.　邓小平：《邓小平文选》（第三卷），人民出版社1993年版，第366页。

3.　张振国：《抓住机遇开发皖江呼应浦东》，《人民日报》1990年7月18日，第1版。

包括安徽省的合肥、马鞍山、芜湖、滁州、淮南、铜陵、安庆、池州、宣城等9个城市。

2008年国务院发布《进一步推进长江三角洲地区改革开放和经济社会发展的指导意见》，指出"进一步推进长江三角洲地区改革开放和经济社会发展，有利于推进区域经济一体化，提高自主创新能力和整体经济素质；有利于增强对中西部地区的辐射带动作用，推动全国区域协调发展；有利于提高开放型经济水平，增强我国国际竞争力和抗风险能力；有利于推进体制创新，促进建立健全充满活力、富有效率、更加开放的体制机制"[1]。2010年国务院批准《长江三角洲地区区域规划》，包含江浙沪两省一市。2014年，国务院发布长江经济带规划，安徽省省会合肥被确定为与南京、杭州地位相同的长江三角洲城市群"副中心"。[2] 2016年，国家发改委颁布《长江三角洲城市群发展规划》，长江三角洲城市群确定为上海市及江苏、浙江、安徽三省的一部分共26个城市。[3] 2018年3月，江浙沪皖三省一市各自抽调数名政府工作人

1. 《国务院关于进一步推进长江三角洲地区改革开放和经济社会发展的指导意见》，国发〔2008〕30号，中华人民共和国中央人民政府网站：https://www.gov.cn/zhengce/zhengceku/2008-09/16/content_1715.htm。
2. 国务院法制办公室：《中华人民共和国新法规汇编》第212辑，新华出版社2014年版，第36页。
3. 26个城市分别为上海市，江苏省的南京、镇江、扬州、常州、苏州、无锡、南通、泰州、盐城9个城市；浙江省的杭州、嘉兴、湖州、绍兴、宁波、舟山、金华、台州8个城市；安徽省的合肥、芜湖、马鞍山、铜陵、安庆、滁州、池州、宣城8个城市。参见《长江三角洲城市群发展规划》，国家发改委、住建部：《国家发展改革委住房城乡建设部关于印发长江三角洲城市群发展规划的通知》，发改规划〔2016〕1176号，2016年6月1日。

员于上海成立长三角区域合作办公室并开始编制《长三角地区一体化发展三年行动计划（2018—2020年）》，规划层面的长江三角洲概念事实上已达到三省一市的范围。2018年11月5日，习近平总书记在首届中国国际进口博览会开幕式上郑重宣布："支持长江三角洲区域一体化发展并上升为国家战略。"[1] 2019年，中共中央、国务院印发了《长江三角洲区域一体化发展规划纲要》（简称《规划纲要》），是新时代实施长三角一体化发展战略的行动纲领。11月，习近平总书记在上海考察时，再次对长三角一体化发展作出重要指示。经过三十余年的实践摸索，长三角一体化进程终于迈上了一个新台阶。

一、上海在长三角一体化进程中的作用

2019年的《规划纲要》为上海在长三角一体化进程中需要发挥的作用定下了基调。长三角一体化以"坚持协调共进"为基本原则之一，要求"发挥上海龙头带动作用"，"提升上海服务功能。面向全球、面向未来，提升上海城市能级和核心竞争力，引领长三角一体化发展。围绕国际经济、金融、贸易、航运和科技创新'五个中心'建设，着力提升上海大都市综合经济实力、金融资源配置功能、贸易枢纽功能、航运高端服务功能和科技创新策源能力，有序疏解一般制造等非大都市核心功能。形成有影响

---

1. 习近平：《共建创新包容的开放型世界经济——在首届中国国际进口博览会开幕式上的主旨演讲》，《人民日报》2018年11月6日，第2版。

东方璀璨
（1949—2019）

力的上海服务、上海制造、上海购物、上海文化'四大品牌'，推动上海品牌和管理模式全面输出，为长三角高质量发展和参与国际竞争提供服务"。[1]

在长三角一体化进程中，上海遵照中央要求，积极发挥龙头带动作用。

由上海牵头或参与的跨区域合作新格局逐渐形成。上海市松江区打造的 G60 科创走廊打破行政区划壁垒，推进区域市场一体化发展。上海携手嘉兴、杭州、金华、湖州、苏州、宣城、芜湖、合肥共 9 个长三角城市，降低交易成本，深化"一网通办"与"零距离"审批制度改革，实行异地证照发放的措施，召开人才峰会、出台人才政策，推动科创人才的自由流动。G60 科创走廊的创新得到多方支持，中国人民银行上海总部发布金融支持 G60 科创走廊发展服务方案，科技部牵头制定 G60 科创走廊建设方案，共同打造跨区域合作平台。都市圈建设方面，为加强联动，上海大都市圈空间规划协同工作领导小组成立，启动编制上海大都市圈空间协同规划。浙江省温州市与上海市嘉定区互设"双向飞地"，江苏省南通市与上海市崇明区共同建设长江口生态保护战略协同区项目，都为长三角一体化合作提供了新的经验。

上海带动区域创新共同体引领经济高质量发展。加快张江综合性国家科学中心建设，与合肥共建量子信息科学国家实验室。

---

1. 中共中央、国务院印发：《长江三角洲区域一体化发展规划纲要》，新华社 2019 年 12 月 1 日。参见中华人民共和国中央人民政府网站：https://www.gov.cn/zhengce/2019-12/01/content_5457442.htm?eqid=f9006385000006d600000003645efddf。

开通长三角科技资源共享服务平台，整合区域内 2 420 家法人单位的 3.1 万台（套）大型科学仪器设施，以政府管理与市场运营双轮驱动模式完善科技资源运营服务体系，推动区域科技资源共享共用。至 2019 年 9 月，平台在长三角地区拥有 8 个服务分中心、1 个服务驿站，与江浙两省八地建立"科技创新券"跨区域互认互用机制。上海与苏州建立科技资源共享创新共同体后，苏州 74 家企业共享上海 67 家服务机构约 400 项服务。[1] 金融领域进一步开放创新，2019 年 4 月，长三角资本市场服务基地在上海张江科学城启用，基地采用线下＋线上的双重服务模式，与 14 个长三角城市（区）形成合作联盟，拥有超过 60 家头部金融机构联盟成员，分别在浦东前滩、杭州和盐城设立基地分中心。[2]

以上海为核心的区域综合交通网络体系基本形成。以上海港、宁波舟山港为主的长三角港口群服务于长三角及沿长江流域的经济社会发展。铁路方面，沪通铁路上海段开工建设，沪苏湖铁路等项目正在进行，高铁网络覆盖长三角区域内 90% 以上的设区市。省际公路通达能力明显提升，第一批 17 条省际断头路中，2 条通车，1 条贯通，其余 14 个项目 28 个路段中，23 个建成或开工建设。全面取消高速公路省界收费站。三省一市交通运输部门通力合作，长三角省际毗邻地区公交客运线路不断新辟，覆盖率大大提升。上海还将打造世界级机场群，巩固提升上海国际航

1. 朱凌君：《平台共享，科技资源"牵手"壁垒正在打破》，《解放日报》2019 年 9 月 4 日。
2. 《浦东开发》编辑部：《浦东融入长三角一体化》，《浦东开发》2020 年第 1 期。

空枢纽地位，增强面向长三角、全国乃至全球的辐射能力，规划建设的南通新机场成为上海国际航空枢纽的重要组成部分。

上海率先探索公共服务的跨区域协作与共建共享。按照"简化操作、方便群众"的原则，开展跨省医保异地联网，对异地就医联合攻关，国家人力资源社会保障部社保中心提前验收通过并对接国家结算平台，实现职工医保、居民医保入网结算。[1] 长三角区域率先在全国探索区域性异地门诊费用直接结算，2018年9月起，上海15家三级医院和松江区、金山区的社区卫生服务中心、苏浙皖3省8个试点统筹区的部分定点医院开展首批试点、四类重点参保人群可享受门诊费用直接拉卡结算。2019年4月，"长三角养老协会联合体"在浦东正式挂牌。

二、打造长三角一体化示范区

《规划纲要》提出"以上海青浦、江苏吴江、浙江嘉善为长三角生态绿色一体化发展示范区（面积约2 300平方公里），示范引领长三角地区更高质量一体化发展"。2019年6月，上海市青浦区举行"聚焦长三角一体化，推动更高质量发展"暨2019年青浦区重大项目启航活动，共启动128个项目。2019年10月，国务院批准《长三角生态绿色一体化发展示范区总体方案》，一体化示范区以生态筑底、绿色发展，改革创新、共建共享，追求

---

1. 国家发展改革委社会司：《上海：以机制建设助推长三角公共服务共建共享》，《中国经济导报》2018年11月8日，第3版。

品质、融合发展，远近结合、联动发展为原则，定位为生态优势转化新标杆、绿色创新发展新高地、一体化制度创新试验田、人与自然和谐宜居新典范。示范区将打造为"多中心、组团式、网络化、集约型"的空间格局，形成以环淀山湖区域和虹桥区域为核心，以沪渝高速和通苏嘉高速为轴线，以青浦新城、吴江城区、嘉善新城等节点为支撑的"两核、两轴、三组团"的功能布局。以青浦区金泽镇、朱家角镇，吴江区黎里镇，嘉善县西塘镇、姚庄镇作为一体化示范区的先行启动区，面积约660平方千米。目标为至2025年，一批生态环保、科技创新、公共服务等重大项目建成运行，一体化示范区的主要功能框架基本成型，制度创新方面形成一批可复制推广的经验。为此，方案提出了45条具体实施路径。2019年11月1日，两省一市在沪共同召开示范区建设推进大会，研究制定《长三角生态绿色一体化发展示范区建设工作方案（2019年11月—2020年11月）》，两省一市主要领导为一体化示范区、示范区理事会、示范区执委会揭牌，明确近期工作任务，推动重大标志性项目落地。

第二节　自贸区与进博会

上海是世界观察中国的重要窗口，也是中国改革开放风向标。上海不仅要在某些扩大开放的领域先行先试，完成压力测试，更要结合中国实际情况，为"中国方案"贡献更多"上海智慧""上海经验"，这是上海作为"排头兵、先行者"，勇担国家战略，一以贯之的使命。其中，最具代表性的有两件大事落户上海：一是中国（上海）自由贸易区试验区，二是中国国际进口博览会。

一、中国（上海）自由贸易试验区

自由贸易区，简称"自贸区"，有广义与狭义之分。广义的自贸区是世界贸易组织（WTO）定义下的 Free Trade Area，具体指的是两个或两个以上的国家或地区，通过签订某种协定或条约，相互取消关税和非关税壁垒，放松市场准入限制，扩大服务业开放所形成的经济一体化组织。而狭义的自贸区是世界海关组织（WCO）界定的 Free Trade Zone，它指的是主权国家或地区在关境以外，划出特定的区域，允许外国船舶自由进出，外国货物免税进口，取消对进口货物的配额管制，以实现贸易自由、投资自由、金融自由和航运自由为主要目的的区域性经济特殊区，是一个国家对外开放的特殊功能区域。中国（上海）自由贸易试验区由我国政府自主决定出台政策和法规细则，其他国家没有权力干涉，核心政策围绕关税、免税、所得税税收优惠等投资政策，其设置接近狭义的自贸区。

我国改革开放多年以来，积累了丰富的对外贸易发展经验。改革开放初期，我国相继设立了深圳、珠海、汕头、厦门和海南岛经济特区。1981 年，经国务院批准在沿海开放城市建立经济技术开发区，此后又相继开辟珠江三角洲、长江三角洲以及山东半岛为经济开放区。1990 年 5 月，我国参照国外自由贸易区的经验设立了上海外高桥保税区，此后又设立了出口加工区、保税物流园、综合保税区等海关特殊监管区域，但本质上保税区不同于"境内关外"的自由贸易区，而是一种"境内关内"的监管区域。

中国（上海）自由贸易试验区（简称"上海自贸试验区"）是国家设立在上海的区域性自由贸易园区，是中国大陆首个自由贸易区。2013年9月29日，中国（上海）自由贸易试验区挂牌仪式举行。2019年之前，自贸试验区的实施范围120.72平方千米，涵盖上海外高桥保税区、上海外高桥保税物流园区、洋山保税港区、上海浦东机场综合保税区四个海关特殊监管区域，面积28.78平方千米；2015年4月，扩区新增陆家嘴金融片区34.26平方千米、金桥开发片区20.48平方千米，以及张江高科技片区37.2平方千米；2019年临港新片区挂牌成立，实施面积119.5平方千米。

2013年9、10月间，习近平总书记提出了"丝绸之路经济带"与"21世纪海上丝绸之路"的构想，简称"一带一路"。上海自贸试验区的建设服务于"一带一路"倡议，是其中不可缺少的环节。

上海自贸试验区是国家实行政府职能转变，金融制度、贸易服务、外商投资和税收政策等多项改革措施的试验田。"负面清单"是上海自贸试验区的一项典型制度创新。在此之前，我国对外商投资实行审批制，通过出台并更新《外商投资产业指导目录》对外商投资产业进行引导和管理。随着国内外形势的变化，尤其是2008年金融危机之后，国际投资环境发生变化。2013年

7月，中美举行第五轮战略与经济对话，我国同意以准入前国民待遇加负面清单为基础，与美国展开双边投资协定的实质性谈判，同年在上海自贸试验区开始实践外商投资负面清单的管理模式。负面清单的管理模式，遵循"法无禁止即可为"的私法自治原则，除了法律法规明确禁止或限制的领域，市场主体均可自主进入。自2013年9月起，先后推出五个版本的负面清单，从2013年版的190条减少到2014年版的139条，再到2015年版的122条，又到2017年版的95条、2018年版的45条，90%以上的国民经济行业对外资实现准入前国民待遇，投资开放度与透明度进一步提高，成为自贸试验区建设的突破口。

上海自贸试验区实施企业办事"单一窗口"制度，是监管的一项创新。"单一窗口"指的是使贸易和运输相关各方在单一登记点递交满足全部进口、出口和转运相关监管规定的标准资料和单证的一项措施，其目的是促进贸易的便利化、节省企业成本。[1] 上海自贸试验区自2014年初启动"单一窗口"的建设，通过线上线下结合，实现企业新设、变更的"一口受理、信息共享、并联办事、统一发证"。[2] 其平台功能包括货物进出口、运输工具、船舶和贸易许可、支付结算、企业资质、信息查询等。2015年6月，平台1.0版本上线运行，集成了包括海关、检验检疫、海事、商务、国税、外汇、食药监、林业、机场、港务

1. 匡增杰、孙浩：《上海自贸试验区国际贸易"单一窗口"建设研究》，《经济体制改革》2018年第5期。

2. 张兆安主编：《上海经济年鉴2016》（第32卷），上海经济出版社2016年版，第20页。

等在内的 17 个口岸和贸易监管部门；2015 年底，平台推出 2.0 版本，大幅提升了贸易的便利水平；2017 年，平台 3.0 版本上线，功能模块增加到 9 个，覆盖 23 个口岸和贸易监管部门，实现与国家"单一窗口"标准版全面融合对接，上海口岸货物申报和船舶申报百分之一百通过"单一窗口"办理，服务企业数超过 24 万家。

上海自贸试验区建立以来，金融和投资领域的开放发展有了很大突破。金融制度创新是自贸试验区金融改革的核心任务，从自由贸易账户体系、投融资汇兑便利、人民币跨境使用、利率市场化、外汇管理改革五方面出台举措。2014 年 9 月，上海黄金交易所国际板在上海自贸试验区启动，上海国际黄金交易中心有限公司同时开业。同年 11 月，"2014 新华·道琼斯国际金融中心发展指数报告"发布，上海首次进入全球排名前十位，与香港并列全球金融中心城市第五位。同月，"沪港通"（沪港股票市场交易互联互通机制）开通仪式在上海和香港交易所同时举行，沪港两地证券市场成功实现联通。2015 年 10 月，国务院印发《进一步推进中国（上海）自由贸易试验区金融开放创新试点 加快上海国际金融中心建设方案》，涉及率先实现人民币资本项目可兑换、进一步扩大人民币跨境使用等共 40 条，与此前国家金融管理部门发布的金融支持上海自贸试验区建设的 51 条政策意见和实施细则，共同构成自贸试验区金融制度创新框架体系。2019 年 6 月，上海证券交易所设立科创板并试点注册制。

2018 年 11 月，习近平总书记在首届中国国际进口博览会

东方璀璨
（1949—2019）

上宣布，增设中国（上海）自由贸易试验区新片区。2019 年 7 月，国务院印发《关于同意设立中国（上海）自由贸易区试验区临港新片区的批复》以及《中国（上海）自由贸易试验区临港新片区总体方案》；8 月 20 日，上海自贸试验区临港新片区正式揭牌，规划范围包括南汇新城、临港装备产业区、小洋山岛、浦东机场南侧；9 月，市委、市政府制定的《关于促进中国（上海）自由贸易试验区临港新片区高质量发展实施特殊支持政策的若干意见》正式实施。是年，新片区多项国家重大项目包括高效低碳燃气轮机试验装置、中国科学院微小卫星二期、中航商发二期、中国移动 IDC 产业基地二期等开工建设，特斯拉新能源汽车研发与整车制造项目投产，华大半导体积塔项目实现厂房封顶。

计划至 2025 年，上海自由贸易试验区临港新片区建立比较成熟的投资贸易自由化便利化制度体系，打造一批更高开放度的功能型平台，集聚一批世界一流企业，区域创造力和竞争力显著增强，经济实力和经济总量大幅跃升；到 2035 年，建成具有较强国际市场影响力和竞争力的特殊经济功能区，形成更加成熟定型的制度成果，打造全球高端资源要素配置的核心功能，成为中国深度融入经济全球化的重要载体。

二、中国国际进口博览会

改革开放 40 年来，我国经济增速明显，逐渐成为世界第二大经济体、第一大贸易国。自 2006 年以来，中国对世界经济增长的贡献率连续 14 年排名全球第一,其中 2019 年超过 30%。中国拥有巨大的国内市场和庞大的消费群体,新时代改革的重心由供给侧结构性改革过渡到需求侧改革,消费者对进口商品与服务的需求大幅增加,这是中国扩大进口的根本动力。

近年来,全球经济下行明显,国际上贸易保护主义、民粹主义与逆全球化频频抬头,经济全球化的趋势遭遇阻碍,中美之间贸易摩擦不断升级。我国在国际经贸关系中面临巨大挑战:第一,在中美贸易战的背景下,全球其他国家也不得不在中美之间做出选择,使得贸易战演变为一个全球性贸易规则的改变;第二,世界贸易组织在此情况下管理贸易摩擦的机制产生了效率下降、贸易瘫痪的问题;第三,国际产业链转移,区域和产业链正在经历重组。

2017 年 7 月,习近平总书记在"一带一路"国际合作高峰论坛上宣布,中国将从 2018 年起举办中国国际进口博览会,这是党中央着眼推进新一轮高水平对外开放做出的一项重大决策,也是我国主动向世界开放市场的重大举措。2018 年 11 月 5 日至 10 日,以"新时代,共享未来"为主题的第一届中国国际进口博览会(简称"进博会")在国家会展中心(上海)举行。习近平总书记在开幕式上发表题为"共建创新包容的开放型世界经济"的主旨演讲,提出中国将从激发进口潜力、持续放宽市场准入、营造国际一流营商环境等五个方面加大推进力度。为更好发挥上海等地区在对外开放中的重要作用,增设中国(上海)自由贸易试验区新片区,在上海证券交易所设立科创板并试点注册制,支持长三角区域一体化发展并将其上升为国家战略。[1]

中国国际进口博览会，是迄今世界上第一个以进口为主题的国家级展会。首届进博会包括展会和论坛两个部分。展会即国家贸易投资综合展（简称"国家展"）和企业商业展（简称"企业展"），论坛即虹桥国际经贸论坛。其中，国家展是本届中国国际进口博览会的重要内容，共有82个国家、3个国际组织设立71个展台，展览面积约3万平方米，各参展国展示国家形象、经贸发展成就和特色优势产品。国家展中，印度尼西亚、越南、巴基斯坦、南非、埃及、俄罗斯、英国、匈牙利、德国、加拿大、巴西、墨西哥等12个主宾国均设立了独具特色的展馆。中国设立的中国馆，包括港澳台展区，以"创新、协调、绿色、开放、共享"的新发展理念为主线，展示中国改革开放的巨大成就，以及中国发展、共建"一带一路"给世界带来的新机遇。企业展分7个展区，展览面积27万平方米，全世界172个国家和地区以及3个国际组织参会，参展企业3 617家，其中有58个"一带一路"沿线国家的近1 000家企业参展，进馆洽谈采购人数达40多万，近4 000名中外记者与会报道，累计意向成交额达578亿美元。

论坛包括开幕式、三场平行论坛、虹桥国际财经媒体和智库论坛，其主题为"激发全球贸易新活力，共创开放共赢新格局"。开幕式于11月5日上午举行，国家主席习近平亲临并发表了主旨演讲，共有1 500多名嘉宾参与。同日下午，三场平行论

---

1. 习近平：《共建创新包容的开放型世界经济》，人民出版社2018年版。

坛、虹桥国际财经媒体和智库论坛分别进行。其中，三场平行论坛的议题分别为"贸易与开放""贸易与创新""贸易与投资"，共有 3 000 名嘉宾与会，包括 20 多位外国政要发表演讲以及 30 多位产学研界嘉宾参与互动交流。虹桥国际财经媒体和智库论坛的主题是"开放型世界经济构建与传播"，分为"开放型世界经济体系中的媒体和智库角色"和"开放的中国与世界发展"两个议题，该论坛吸引了 4 500 多名政商研各界嘉宾的出席。

2019 年 11 月 5 至 10 日，第二届进博会在国家会展中心（上海）如期举行，习近平总书记出席开幕式并发表题为"开放合作命运与共"的主旨演讲，就构建开放的世界经济提出中国倡议和中国主张，强调各国要以更加开放的心态和举措，共建开放合作、开放创新、开放共享的世界经济，重申中国开放的大门只会越开越大，中国坚持以开放促改革、促发展、促创新，持续推进更高水平的对外开放。[1] 法国总统马克龙、世界贸易组织总干事阿泽维多等 6 位外国政要及国际组织负责人致辞。

第二届进博会共吸引世界 181 个国家、地区与国际组织的 3 800 多家企业参展，国内外采购商与专业观众人数超过 50 万人，展览面积为 36.6 万平方米。国家展新参展国家超过三分之一。二十国集团、金砖国家、上海合作组织所有成员国，以及 47 个最不发达国家中的 40 个国家的企业参展。参展的世界 500 强

---

1. 习近平：《开放合作，命运与共：在第二届中国国际进口博览会开幕式上的主旨演讲》，《人民日报》2019 年 11 月 6 日，第 3 版。

和龙头企业达 288 家。超过 400 项新产品、新技术和新服务亮相，其中许多是"全球首发、中国首展"。服务领域，引人注目的是区块链跨境信用证，该技术代表着区块链在国际贸易中的重大突破。第二届进博会期间，累计意向成交额达到 711.3 亿美元，规模超过首届。

第三节　张江崛起

随着信息科技革命和产业变革的兴起，世界各国在科技创新领域的竞争全面升级，许多国家通过积极打造全球科技创新中心集聚创新要素，提升国家综合实力，以应对新的科技革命与竞争。2014 年 5 月，习近平总书记在上海调研期间，要求上海"加快向具有全球影响力的科技创新中心进军"[1]。为了贯彻总书记的重要指示要求，中共上海市委、市政府全面启动调研部署工作，举全市之力，谋划与建设具有全球影响力的科技创新中心。在整体制度的创新中，张江凭借浦东开发三十余年的科创积淀，成为科创中心建设的核心载体。

一、从张江高科技园区到张江科学城

伴随着浦东的开发开放，1992 年 7 月，张江高科技园区应

1.《学习进行时 | 习近平总书记和上海的故事》，新华网，2023-11-19，http://www.news.cn/ politics/xxjxs/2023-11/29/c-1130000103.htm。

运而生；同年 12 月，上海市建委批复《张江高科技园区结构规划》，将园区定位为"集科技、生产、销售、培训和与之相配套的生活服务设施于一体的综合性基地"，正式拉开了张江的建设序幕。1999 年 8 月，在全球新一轮产业转移和上海提升城市竞争力的机遇期，中共上海市委、市政府适时作出"聚焦张江"的战略决策，把张江建设成为上海乃至全国技术创新的样板和高科技产业的龙头。2002 年，张江高科技园区再次扩区，向南拓展与南汇相接。十年间，张江的工业总产值达到 444.98 亿元，是十年前的 14 倍，税收 87.10 亿元，是十年前的 58 倍。2011 年，国务院批复同意张江高新区建设国家自主创新示范区。2014 年底上海自贸试验区扩区，张江片区 37.2 平方千米纳入自贸区范围，为张江率先探索科创服务体制创新赢得机遇。

通过近 30 年的发展，张江高科技园区已经成为上海创新高地，形成了以生物医药创新链和集成电路产业链为主的框架，园区建有国家上海生物医药科技产业基地、国家信息产业基地、国家集成电路产业基地、国家半导体照明产业基地、国家 863 信息安全成果产业化（东部）基地、国家软件产业基地、国家软件出口基地、国家文化产业示范基地、国家网游动漫产业发展基地等多个国家级基地，拥有多类型与模式的孵化器，建有国家火炬创业园、国家留学人员创业园，注册企业近两万家。

上海按照党中央的部署要求，组织调研，推进科技创新中心的谋划。2015 年 5 月，市委十届八次全会通过《关于加快建设具有全球影响力的科技创新中心的意见》，简称"科创 22 条"，明确科技创新中心建设的目标框架、总体要求和重要任务举措。人才发展、众创空间、成果转化等系列配套政策实施细则陆续出台。2016 年 2 月，国家发改委、科技部正式批复《上海张江综合性国家科学中心建设方案》，张江高科技园区成为国家科学中心的主要承载空间。2016 年 4 月，国务院批复印发《上海系统推进全面创新改革试验 加快建设具有全球影响力的科技创新中心方案》。在 2018 年 1 月颁布的《上海市城市总体规划（2017—2035）》中，明确将科创中心列入上海"五个中心"城市新定位，并把建设科创中心作为当好创新发展先行者重中之重的任务。2019 年 11 月，习近平总书记在上海考察时对上海建设国际科创中心提出新要求："要强化科技创新策源功能，努力实现科学新发现、技术新发明、产业新方向、发展新理念从无到有的跨越。"[1]

张江高科技园区是上海贯彻落实创新型国家战略的核心基地。张江综合性国家科学中心是国家创新体系的基础平台，是上海科创中心建设的核心任务，由所谓"四大支柱"构成。一是张江综合性实验室，由上海光源、国家蛋白质科学中心上海设施、超级计算机建设完成。超强超短激光用户装置等一批大科学装置建设项目在 2019 年建成后，与已有的上海光源和国家蛋白质科学中心上海设施，共同组成全球光子科学研究综合能力最强的大

1. 《时政新闻眼丨习近平再赴上海考察，重点关注了什么？》，人民网，http://politics.people.com.cn/n1/2023/1130/c1001-40129175.html。

张江高科技园区

图片来源：上海市地方志办公室主办"上海通"网站

科学设施集聚地之一，是张江综合性国家科学中心的科学地标。二是一批顶尖的创新研究机构与研发平台，包括李政道研究所、张江实验室、上海光源等一批基础设施划归中科院上海高等研究院统一管理。三是布局网络化协同创新，长三角大型科学仪器设备协作共用网、科技文献系统、技术转移系统陆续开通。四是组织发起大型科技行动计划，如由上海科学家发起的国际人类表型组研究计划等。

二、全球科技创新中心建设

具有全球影响力的科技创新中心（即"全球科创中心"）是

以科学研究和技术创新为主要功能，并集中了先进制造、文化教育、金融等多种功能的区域。全球科创中心具有强有力的知识与经济辐射能力，是区域创新产业发展的火车头，也是国家参与国际研发和产业分工的重要枢纽，还是全球创新体系的关键支点。[1]

2014年以来，上海围绕科技创新中心建设出台多项政策，其中最有代表性的有2015年5月颁布的"科创22条"。该项政策是上海科技创新中心建设的重要引领性文件，其中明确提出上海到2020年前形成科技创新中心基本框架体系、到2030年着力形成科技创新中心城市核心功能的目标，涉及科技、教育、财税、金融等多领域的体制、机制改革，其内容包括奋斗目标和总体要求、建立市场导向的创新型体制机制、建设创新创业人才高地、营造良好的创新创业环境、优化重大科技创新布局等五个方面。"科创22条"出台后，相关部门、区县和园区相继出台一系列配套政策，有助于"科创22条"的执行落地。

2019年3月出台的《关于进一步深化科技体制机制改革增强科技创新中心策源能力的意见》，又称"科改25条"，标志着上海加快建设具有全球影响力的科技创新中心已经进入深化阶段。"科改25条"提出六个方面25项重要改革任务和举措，概括而言主要有三个方向：其一，打通科技创新和经济社会发展之

---

1. 杨丹辉：《应加快建设具有全球影响力的科技创新中心》，《人民论坛·学术前沿》2020年第3期。

间的通道；其二，处理好政府和市场的关系；其三，激发和调动"人"的创造力和动力，优化分配机制，完善人才制度。

从实际成效来看，2014 年以来，上海重点在国家科学中心，"四新"（新技术、新业态、新模式、新产业）经济，科技创新公共服务平台，科技金融，人才高地和综合环境优化等重点领域开展探索创新，取得的主要进展体现在以下九个方面：

（1）参与国家重大战略方面，上海在党的十九大报告列举的六项重大科技成果，如蛟龙、天宫、北斗、天眼、墨子和大飞机等方面都做出了重要贡献。此外，全球规模最大、种类最全、功能最强的光子大科学设施集群在上海全面建设并取得了重要的阶段性成果。

（2）世界科技前沿方面，上海在超强超短激光领域实现突破，脉冲峰值功率创下了世界纪录。此外，2018 年上海诞生了国际首个体细胞克隆猴和国际首次人工创建单条染色体的真核细胞。在 2014 至 2018 年 50 项全国重大科学进展中，上海参与了11 项，突显了在世界科技前沿的地位。

（3）经济社会主战场方面，上海的大飞机 C919 成功首飞，集成电路先进封装刻蚀机等战略产品销往海外，高端医疗影像设备填补国内空白，产业创新影响力逐渐扩大。截至 2019 年，上海全社会研发投入占 GDP 比例达到 4%，每万人口发明专利拥有量达到 47.5 件，综合科技进步水平指数一直稳居全国前两位。

（4）着力提升科技创新策源能力，上海积极建设高水平创新基地，成立张江实验室、上海脑科学与类脑研究中心，并启动了多个高水平创新机构和平台的建设。此外，上海还参与了微纳电子、量子信息、海洋等领域国家实验室的建设。

（5）围绕关键核心技术和卡脖子领域发力，上海全力打造了集成电路创新高地，在设计、制造、装备材料等领域取得显著成绩。2018年，上海集成电路产业销售规模达到1 450亿元，占全国的五分之一。此外，上海在人工智能、生物医药等领域也取得了突出的成绩。

（6）强化科技创新中心建设制度供给，上海成为国家授权的先行先试领域，通过一系列改革举措，形成了一批可复制推广的经验。此外，上海发布了超过70个地方配套政策，推动科技体制地方配套改革，成立了推进科创中心建设的办公室。

（7）建设多层次功能承载区，上海提升了张江科学城的集中度和显示度，发布了张江科学城建设规划，并在全面开工的73个项目中取得显著进展。同时，上海稳步推进长三角区域协同创新，加强国际科技合作，构建了一个多层次的功能承载区。

（8）打造国际化人才集聚新高地，上海采取一系列措施，吸引了海内外高层次创新人才，制定了一系列人才政策，推动人才发展体制机制改革，优化人才综合发展环境。截至2019年，上海的人才吸引和培养在全国范围内位居前列。

（9）构建支撑创新创业服务网络，上海加速科技成果转移转化体系建设，推动金融财税政策配套，推进各类创新主体参与科创中心建设。同时，上海加大知识产权运用和保护力度，建立了中国（浦东）知识产权保护中心。[1]

第四节　五大新城

新中国成立以来，上海的新城发展与定位经历了几个阶段，从卫星城镇、郊区新城到综合性节点城市的转变，体现了上海城市规划的与时俱进。

新中国成立初期，上海从外向型、港口型的经济中心转向内向型、生产型的城市，成为我国重要的工业基地。随着1958年江苏省十县划归上海，上海提出了"逐步改造旧市区，严格控制近郊工业区，有计划地发展卫星城镇"的建设方针，相继建设了闵行、吴泾、嘉定、安亭、松江等五个卫星城和金山、宝山两个工业卫星城。[2]改革开放后，上海开始向多功能的外向经济中心城市发展，1986年的总体规划是改革开放后上海编制的第一个总体规划，也是上海历史上第一个经国家批准的总体规划，确立了上海改革开放后快速发展的格局，目标构建"中心城—卫星城—郊县小城镇—农村集镇"四个层次的上海市城镇体系，嘉定和松江规划为卫星城。2001年的总体规划中提出了"新城"的概念，

1. "上海加快建设具有全球影响力的科技创新中心五年以来的主要进展"，参见上海市人民政府新闻办公室网站：https://www.shio.gov.cn/TrueCMS/shxwbgs/2019n_5y/content/4b716f49-4e0a-40ad-82ba-32beaad3aa9b.html。
2. 上海市城市规划设计研究院编：《循迹·启新：上海城市规划演进》，同济大学出版社2007年版，第48页。

明确上海以中心城为主体，形成"多轴、多层、多核"的布局结构，形成"中心城—新城—中心镇——一般镇"的四级城镇体系。其中，11个郊区新城是市域空间中的"多核"，包括宝山、嘉定、松江、金山、闵行、惠南、青浦、奉贤南桥、崇明城桥、空港新城和海港新城。2006年，上海继续形成了"1966"城乡规划体系，由1个中心城、9个新城、60个左右新市镇、600个左右中心村共四个层面构成。9个新城包括松江、嘉定—安亭、临港、宝山、闵行、青浦、奉贤南桥、金山、崇明城桥，其中松江、嘉定—安亭、临港被确定为重点发展的新城。2011年5月，上海制定《关于本市加快新城发展的若干意见》，明确了新城发展的目标、主要任务和政策措施。随着上海城市的发展，一些新城融入了主城区，2018年，上海发布《上海市城市总体规划（2017—2035年）》（简称"上海2035"）中明确了"主城区—新城—新市镇—乡村"的市域城乡体系。主城区外，重点建设嘉定、松江、青浦、奉贤、南汇等新城，将其"培育成为在长三角城市群中具有辐射带动能力的综合性节点城市，按照大城市标准进行设施建设和服务配置，规划常住人口约385万人"[1]。

在上海的高速发展中，一直存在就业岗位高度集聚在中心城区的情况，造成中心城区巨大通勤压力。因而在"上海2035"中提出"促进非核心功能疏解和就业岗位布局调整，实现产城融

---

1. 上海市人民政府：《上海市城市总体规划（2017—2035年）》，2018年1月发布，第29—30页。

合"，而在新城地区"发展形成功能完善、产城融合、用地集约、生态良好的相对独立的门户型节点城市，提升地方性服务功能"，"重点加强公共服务和资源配置，促进产城融合，引导人口向新城、核心镇和中心镇集中。推进跨区域综合交通设施与公共服务设施对接和共享"。五大新城不再是以往概念中的郊区卫星城，而是面向长三角、为上海未来发展构筑的新的战略支点，是独立的综合性节点城市，也是经济发展的重要增长极。

一、嘉定新城

嘉定新城包括嘉定新城主城区、安亭镇、南翔镇和江桥镇，建设协同浙江嘉兴，江苏昆山、太仓等区域，对接上海市中心的综合性功能城区。"上海2035"将嘉定新城定位为"沪宁廊道上的节点城市，以汽车研发及制造为主导产业，具有独特人文魅力和科技创新力，辐射服务长三角的现代化生态园林城市。规划人口约70万人"。新城重点培育文化休闲、商业商务、科技创新等功能，强化市级副中心功能。根据《上海市嘉定区总体规划暨土地利用总体规划（2017—2035年）》，至2035年，嘉定新城将基本建成产城全面融合的世界级汽车产业中心、高科技新兴产业为支撑的上海科创中心重要承载区、生态人文宜居的长三角综合性节点城市。

嘉定新城在空间上是"一核三区"的组合式新城，包括一个区域级综合服务核心和三大组合式新城功能区。"一核"指的是嘉定新城核心功能区（包括新城及老城主要区域），承担全区政治、经济、文化及社会服务等功能，2017 年底人口 50.2 万人，未来规划人口 50 万至 70 万人。"十三五"规划建设用地 68 平方千米，2017 年底嘉定新城建设用地规模 58.4 平方千米。"三区"指的是科技城自主创新产业化示范区、上海国际汽车城产城融合示范区、北虹桥商务示范区。科技城自主创新产业化示范区是一个以国家级科研院所和新型工业化产业示范为优势的地区，目标是打造具有强大创新辐射能力和高开放度的自主创新产业地区。该地区 2017 年常住人口规模 23.8 万人，规划人口 15 万至 20 万人。上海国际汽车城产城融合示范区是一个以科技研发和高端制造为主的科创中心，其发展目标是促进科技创新和产业升级，提升地区的经济实力和国际竞争力。2017 年底常住人口 30.2 万人，至 2020 年规划人口 20 万至 25 万人。北虹桥商务示范区是承接市中心城区功能外溢的区域，以文化、商贸、总部经济为主要发展方向，目标是成为上海西部创新创业的先行区。该地区 2017 年人口规模 56.6 万人，未来规划人口规模 40 万至 45 万人。

嘉定是上海最早启动工业化进程的区县之一，在"一核三区"的城市建设框架下，区域重点推动"两高四新"产业，"两高"即以汽车产业为主体的高端制造业、以战略性新兴产业为主体的高科技产业；"四新"即集成电路及物联网、新能源汽车及汽车智能化、高性能医疗设备及精准医疗、智能制造及机器人四大新兴产业集群。

嘉定新城建设多年以来，在基础设施方面，阿克苏路、康丰路、澄浏南路、翁家宅路、沈徐路、崇福路、崇文西路等道路竣工通车。公共配套方面，德富路初中、成佳学校、普通小学白银路分校、白银路幼儿园、新城实验中学、新城实验小学、瑞金医院肿瘤（质子）中心、马陆派出所、白银路地下车库等项目竣工并投入使用。商业与办公配套方面，台北风情街、大融城、宝龙城市广场、西云楼文化休闲商业水街、嘉定中信泰富万达广场、嘉定凯悦酒店、TEEC上海中心大厦投入营业。此外，展会和高端论坛方面，举办了第五届中国建材家居产业发展大会、上海第二届中医药健康产业高峰论坛、"创业在上海"国际创新创业大赛嘉定分赛区比赛、阿里巴巴全球诸神之战预赛、嘉定新城产城融合高峰论坛等活动。

二、松江新城

在上海市的历次总体规划中，对松江的定位经历了从 1959 年郊区卫星城到 1986 年的以轻工业、机床等单一功能为主的卫星城，再到 21 世纪初的相对独立的中等规模的郊区新城的过程。"上海 2035"将松江新城规划为"沪杭廊道上的节点城市，以科教和创新为动力，以服务经济、战略性新兴产业和文化创意产业为支撑的现代化宜居城市，具有上海历史文化底蕴、自然山水特色的休闲旅游度假胜地和区域高等教育基地"。规划人口从 1959 年的 20 万到 1986 年的 25 万、21 世纪初的 30 万，再到 2017 年的 110 万人。从实际人口的增长可以看出松江新城发展的真实轨迹，1959 年人口 4.86 万，1986 年 6.9 万，2000 年 10.6 万，2017 年 80 万。

松江新城的总体规划前后编制过三次。2006 年松江新城的规划范围 62.9 平方千米，2010 年松江新城的规划将新城东西两侧的工业区纳入新城的范围，东至铁路金山支线，南至申嘉湖高速，西至绕城高速，北至辰花路—卖新公路，总面积约 158.4 平方千米，规划人口 110 万人，规划城镇建设用地 120 平方千米，由新城南片区、新城北片区、工业园区、科技园区四个片区组成，定位为长三角地区重要的节点城市之一，上海市西南部重要的门户枢纽，是体现上海郊区综合实力与水平、具有上海历史文化底蕴和自然山水特色的现代化宜居城市。在"上海 2035"的基础上，《松江区总体规划暨土地利用总体规划》于 2019 年获批。

松江新城从 2000 年启动建设以来，成效显著，由一个上海郊区 10 万人左右的小城镇发展为上海大都市周边交通便利、环境优美、设施齐备，在上海乃至全国新城建设中具有影响力的示范性新城。基础设施方面，高速铁路松江南站建成，沪杭高速铁路、铁路金山支线 22 号线通车，上海轨道交通 9 号线松江新城站向南建设并延伸至高铁松江南站。一批优秀的项目包括泰晤士小镇、松江大学城、行政中心、上海市第一人民医院松江分院、白玉兰广场、万达广场、广富林文化遗址公园相继建成。

为了把握上海科创中心建设和长三角一体化发展，松江于 2017 年启动 G60 科创走廊的规划，目标是促进创新产业集中，带动区域经济发展，建设有一定影响力的科创中心。构建"一廊九区"的产业布局，即以 G60 松江段为"一廊"，串联九个创新产业片区，包括重点发展生物医药、先进制造业等的九科绿洲

（临港松江科技城），以商务集聚区、研发设计中心为主的松江新城总部研发功能区，以服装设计创意园为特色的松江经济技术开发区西区，重点发展机器人制造、控制系统等智能制造和延伸产业的洞泾人工智能产业基地，定位全球知名影视产业集聚区的松江科技影都，定位为长三角先进制造业基地的松江经济技术开发区东区，聚焦 IT 生产、保税物流与商贸服务等功能的松江出口加工区（综合保税区），作为采购和转运中心的松江智慧物流功能区，以及包含上海外国语大学、东华大学等七所高校的松江大学城双创集聚区等，它们共同构成了 G60 松江科创走廊的产业规划框架。

G60 科创走廊

三、青浦新城

青浦新城的规划与建设也经历了几个阶段。20 世纪六七十年代是上海的水产养殖基地，80 年代确立为黄浦江上游水源保护地，90 年代初开始发展旅游业，中后期开始发展制造业，新世纪初，撤县改区，城市化速度加快。2004 年《上海市青浦新城城区总体规划（2003—2020 年）》颁布，计划以公园路为城市发展带形成占地 26.89 平方千米的、体现历史文脉和地方特色的水网之城、绿网之城。2006 年《上海市青浦新城总体规划（2005—2020 年）》批准颁布，规划建设占地 53.8 平方千米、人口 50 万的具有"水乡文化"与"历史文化"内涵的中等规模城市。2009 至 2011 年间，随着虹桥商务区的开发，青浦的定位随之升级，《上海市青浦城区总体规划（修改）（2009—2020 年）》编制完成，规划至 2020 年建成人口 70 万，占地 119 平方千米的相对独立的城市，参与长三角城市群的分工与协作，依托大虹桥，以"产城一体、水城融合"为理念，形成以服务业为主的产业结构，建成服务长三角区域的独立性、综合性的节点城市和生态宜居城市。

"上海 2035"将之定位为"沪湖廊道上的节点城市，以创新研发、商务贸易、旅游休闲功能为支撑，具有江南历史文化底蕴的生态型水乡都市和现代化湖滨城市。规划人口约 65 万人"。2019 年《上海市青浦区总体规划暨土地利用总体规划（2017—2035）》获批，青浦新城确定为东至老通波塘，西至新开泾，北至沪常高速，南至沪渝高速，建设用地 64.9 平方千米，规划人口 60 万，定位为"上海国际贸易中心的重要承载区，集会展、贸易、创新研发于一体的现代化新城区"。同年,《长三角生态绿色一体化发展示范区总体方案》获批,青浦被纳入长三角一体化示范区,定位为上海面向长三角战略布局的桥头堡,青浦新城的地位进一步提升。

青浦新城建设多年以来,夏阳湖城市核心区规模显现,博物馆、图书馆、规划展示馆等公共服务设施纷纷建成。商业配套方面,桥梓湾、凯特利和港隆广场构成了新城现代商业圈,崧泽广场、北菁园和和平桥等休闲绿地使城市环境得到明显改善。联络新城东西轴线的淀山湖大道贯通,西大盈港双桥落成,完成了大淀湖水环境整治,上实湖滨别墅基本建成,区青少年活动中心、毓秀学校、水文站、环境监测站、少体校、朱家角人文纪念馆等陆续落成。2017 年,上海轨道交通 17 号线开通,青浦新城自此有了轨道交通。青浦"红房子医院"——复旦大学附属妇产科医院青浦分院开工进一步提升了新城的宜居程度。近年来,华为研发中心、启迪科技园、哈工大人工智能产业园等重大项目引入青浦,为新城的建设注入了新的活力。

四、奉贤新城

奉贤新城规划范围为北至大叶公路,东至浦星公路,南至上海绕城高速 G1501,西至南沙港与沪杭公路,规划面积 67.91 平方千米。奉贤新城在"上海 2035"中定位为"滨江沿海发展廊道上的节点城市,杭州湾北岸辐射长三角的综合性服务型核心城市,具有独特生态禀赋、科技创新能力的智慧、宜居、低碳、健康城市。规划人口约75万人"。

2017年，奉贤新城建设管理委员会办公室制定《奉贤新城建设三年行动计划（2017—2019）》。2018年，奉贤正式发布《上海市奉贤区总体规划暨土地利用总体规划（2017—2035）》，明确提出"十字水街、田字绿廊，九宫格里看天下，一朝梦回五千年"的城市格局和未来发展愿景，突出生态立城、"15分钟社区生活圈"和江南水乡乡愁文化的传承。"十字水街"指的是浦南运河与金汇港构成的十字水系；"田字绿廊"由新城四方边界与S4高速公路、航南公路围合而成，以道路两侧各50米原有生态绿廊规划为基底，构建城市景观生态系统，形成新城生态廊道；"九宫格"是在"十字水街""田字绿廊"基础上，利用新城的路网、水网所形成的单元，在"九宫格"内实现"15分钟社区生活圈"；"南桥源"城市更新区指的是东至环城东路，南到解放路，西至南桥路，北至运河路，面积0.01平方千米的历史文脉保护传承区。

数年间，奉贤新城的一批基础设施和环境工程集中开工。首先，交通基础设施方面，S4高速奉贤出口改造、年丰路景观大道、上海轨道交通5号线南延伸段、虹梅南路越江工程、BRT快速公交等项目的完工和投用，为该地区的交通和公共出行带来了便利。其次，商务区的"两路一带"和"上海之鱼"金海湖等重大项目也基本建成，这些项目的完工提升了商务区的整体形象，也为周边居民提供了更多休闲娱乐的场所。第三，区中心医院迁建升级，格致中学奉贤校区、汇贤中学、实验中学崇实校区、青溪中学、恒贤小学、明德外国语小学、毓美幼儿园、九华田田幼儿园、老年大学、第二福利院、金海社区服务中心等公共服务设施项目的建成，进一步提高了该地区的公共服务水平，为居民提供了更加完善的生活配套设施。最后，百联南桥购物中心、宝龙城市广场、苏宁生活广场等购物中心的建成，为城市居民提供了更加丰富多样的购物和休闲体验。这些项目的建成和投入使用，标志着奉贤新城在城市发展和公共服务设施建设方面取得了重要的进展。

五、南汇新城

"上海2035"中的南汇新城即21世纪初的海港新城以及此后的临港新城。2002年，洋山深水港区一期工程开工，新城的建设即始于此。在当时的上海城市规划中，海港新城是11个郊区新城之一。2003年，市规划局对海港新城总体规划作出调整，将海港新城改为临港新城，编制完成《上海市临港新城总体规划（2003—2020年）》，明确了"以港兴城"的发展战略。

临港新城规划面积为296.6平方千米，规划范围为北至大治河，西至A30高速公路南汇区界，东、南至规划海岸线围合的区域，中心区（主城区）约36.3平方千米，主产业区约57.1平方千米（包括书院和万祥城市社区），重装备产业和物流园区约52.4平方千米（包括泥城和芦潮港城市社区），综合区约19平方千米，定位为具有国际航运中心服务功能的综合性现代化滨海新城。至2019年，规划区内实际人口80多万人。在四大片区之外，规划形成包括对外交通、大型市政基础设施等在内的总面积接近100平方千米的生态隔离地区。在此规划的基础之上，临港新城的各个区块也分别制定了分区规划，其中2009年市政府批准了《临港新城中心区分区规划（2008—2020）》，临港新城中心区的四界为北护城河、人民塘、芦潮河和世纪塘，总面积为67.76平方千米。新城以大型湖泊（滴水湖）形成城市空间布局的基础，以"环形与放射状"道路系统、水系系统与绿化系统形成城市空间布局的结构框架，滴水湖区和环湖一环是城市中心区，二环是城市公园和公共设施，三环是"城市岛"居住小区、行政办公与扇形绿地，四环是居住和教育科研区域。

在多年建设的基础上，临港新城升级为南汇新城，"上海2035"将之定位为"滨江沿海发展廊道上的节点城市，以先进制造、航运贸易、海洋产业为支撑的滨海城市，以自贸区制度创新、产业科技创新、智慧文化创新为动力的改革开放先行试验区。规划人口约65万人"。2019年8月20日，中国（上海）自由贸易试验区临港新片区挂牌成立，标志着南汇新城的建设有了更明确的方向。

南汇新城是近年来上海产城融合的主要试点场域，从规划思想上，与新加坡、迪拜、釜山等自由贸易港区规划有相似之处，以优质的大港为先导，以便捷的保税物流园区为配套，以强大的特色产业园为支撑，带动新城的发展。而南汇新城则通过引进国际优质的资本和经验进入教育、医疗、文化、体育、园区建设、城市管理等公共服务领域，加强基础设施建设，提升综合服务功

临港新片区

能，从而对临港新片区实现反哺。联系市区与南汇新城的上海轨道交通 16 号线于 2013 年开通运营，两港大道与新城内部的一系列重大骨干交通网络相继建成。新城先后引进了上海海事大学、上海海洋大学、上海建桥学院、中国航海博物馆、上海天文馆、海昌海洋公园、市六医院东院等优质的教育、文化、医疗资源。新城绿化景观不断完善，城区绿地覆盖率超过 38%，成为上海市首批低碳发展实践区。

第五节 浦江两岸

黄浦江两岸功能定位的转变体现了上海城市从工业化向后工

业化时代演化的趋势。黄浦江是上海的母亲河。1882 年起，黄浦江畔的杨树浦等地区陆续出现了机器造纸局、机器织布局、杨树浦电厂、自来水厂等近代工业企业，南市老城厢地区也随之出现了江南制造局和兴化铁厂等近代企业。长期以来，上海的城市定位是国际港口与工商业中心，在民国时期就曾经提出"设世界港于上海"与"港埠都市和全国最大的工商业中心"的城市发展目标。新中国成立后，上海是全国重要的工业基地和港口，黄浦江两岸是重要的运输水道，也是码头、厂房集中的区域。因而经过一个多世纪的发展，到 20 世纪 80 年代，黄浦江市区段除外滩以外几乎没有公共岸线，黄浦江两岸遍布码头和工厂。以杨浦区为例，由于厂区密集、单位割据江岸，很多多年生活在这一区域的居民从来没有在杨浦区的区段接近滨水区域，"临江不见江"是这一区域近百年来城市空间的困境。[1] 总体而言，截至 2015 年，黄浦江西岸杨浦大桥至徐浦大桥长约 22 千米的岸线实际贯通率不足 50%。

一、工程的酝酿筹备

进入 21 世纪，上海的城市经济开始转型，黄浦江的经济功能逐渐退化，更多地承担起文化、旅游、休闲等功能。为了进一步增强城市综合竞争力，2001 年举办了黄浦江两岸滨江带规划的国际方案征集，规划将黄浦江两岸约 22 千米长的岸线滨水地带

---

1. 周燕、杨麟等：《城市滨水景观规划设计》，华中科技大学出版社 2020 年版，第 113 页。

转变为公共开放空间。2002年1月，中共上海市委、市政府全面启动了黄浦江两岸综合开发工作。为成功举办2010年上海世博会，2003年，黄浦江两岸（南浦大桥—卢浦大桥）的城市老工业区被重新规划布局，作为上海世博会选址区域进行场馆建设。按照"百年大计、世纪精品"的总体思路，动迁了包括江南造船厂、上钢三厂等一批百年老企业，搬迁了数以十万计的居民，拆除了一大批老旧住宅，开展了大规模城市更新和滨水空间的建设改造。这一系列举措既确保上海成功举办了世博会，也为上海城市的"创新驱动发展、经济转型升级"提供了新的动力，更为市民观赏、游玩黄浦江增添了一段公共空间。

2013年，中共上海市委、市政府明确指出黄浦江两岸地区是上海市的六大重点功能区之一，也是上海城市功能转型的重要空间载体，为了更好地服务市民，黄浦江两岸将通过搬迁企业、新建绿地、新增亲水岸线等方式，逐步打造成公共开放空间。为贯彻中共上海市委、市政府的决策，2014年，市黄浦江两岸开发领导小组办公室制定并发布《黄浦江两岸地区公共空间建设三年行动计划（2015—2017年）》，计划在两岸中心区段（杨浦大桥—徐浦大桥）长约22千米的范围内，集中建设一批高品质的公共空间，将黄浦江两岸地区打造成世界级的滨水公共开放空间。

为了实现这一目标，市有关部门邀请国内外优秀的规划设计团队参与方案规划和设计。在充分吸收各方智慧的基础上形成了一份高水平的规划设计方案。同时各区也根据自身特点进行了详细的规划设计并突出区域特色。在规划阶段，广大市民也积极参与其中，为黄浦江两岸的发展提供了许多宝贵的建议。在此过程中贯彻了特色性、整体性、协调性"三性统一"的原则，确保黄浦江两岸的公共空间在实现完整、协调的同时也突出区域特色，使人民群众更好地体验贯通获得感。

二、工程实施与整体贯通的实现

2016 年，中共上海市委、市政府再次强调沿江各区、各有关单位需要齐心协力把黄浦江两岸建设成为全市人民共享的公共空间。9 月，时任上海市委书记韩正在黄浦江两岸贯通工作调研时强调，两岸开发不是大开发而是大开放，始终坚持"百年大计、世纪精品"的原则，把黄浦江两岸建设成为服务于市民健身休闲、观光旅游的公共空间和生活岸线。这一战略目标的提出，标志着上海市在公共空间建设的理念上迈出了重要的一步。2017 年底之前，从杨浦大桥至徐浦大桥的 45 千米岸线基本实现贯通开放。这一壮举不仅向全体市民开放了上海美丽的黄浦江两岸，更让市民有了切实的获得感，有了更多共享改革开放成果的幸福感。

为了确保贯通工程的顺利实施，上海市、区两级政府建立了一套完整的推进机制。市政府确立了专题例会制度，由分管副市长每月主持召开，对贯通工程中遇到的问题进行定期研究。在市发展和改革委员会、市重大工程建设办公室的支持下，涉及 14 个大项、年度投资约 26 亿元的 45 千米贯通工程被列入 2017 年重大工程计划。

沿江各区政府承担了主体责任，其中浦东新区段岸线长 22 千米，成为整个黄浦江岸线中最长的一段，涉及的开发主体最多，工程量也最大。浦东新区政府组织编制《黄浦江东岸慢行步道贯通三年行动计划（2016—2018）》，提出构建"一带、多点、多楔"的滨江绿地空间结构。"一带"指的是从杨浦大桥至徐浦大桥的滨江绿化带；"多点"指滨江绿化带上的重要绿化、广场节点；"多楔"指多条连接滨江与腹地的楔状绿地。至 2017 年底，浦江滨江段 22 千米慢行通道、滨水休憩步道全线贯通，沿江绿地基本建成。2018 年底，形成了五个功能各异的区段，以杨浦大桥下的儿童主题滨江公园为起点，包括文化长廊段（杨浦大桥至浦东南路）、多彩画卷段（浦东南路至东昌路）、艺术生活段（东昌路至白莲泾）、创意博览段（白莲泾至川杨河）、生态休闲段（川杨河至徐浦大桥）。同时，通过建设云桥打通浦东段全线所有断点堵点，最终实现了全线"统一规范、统一标准"的贯通。浦东重要的金融区、商务区、住宅区和文化设施，以及绿化、广场、码头、轮渡站串联起来，将环境与景观、公共空间、公共活动、休闲、慢行交通、防洪等融为一体，形成独有的城市空间。[1]

杨浦区段岸线长 3.4 千米，区政府结合滨江公共空间和综合环境工程项目推进该区段的开发建设。在此过程中，完成了杨树浦水厂、宁国路轮渡站等难点改造任务，并完成了杨浦大桥下游

---

1. 郑时龄：《东岸滨水空间的再生》，载上海市黄浦江两岸综合开发浦东新区领导小组办公室编：《东岸漫步》，同济大学出版社 2017 年版，卷首序。

延伸 600 米的工程任务，实现了全线贯通。曾经卸货和贸易的主要场地如今成了人们休闲娱乐的滨江广场，码头的场所文化得以与现代文化相融合，被赋予新的功能和价值。原来废弃的工业管道也被改造为江边的路灯，用废弃的钢架结构作为栈桥连接不同的码头，把拴船桩布置成矩阵，用遗留的钢结构搭建凉亭和廊架，处处展现着杨浦区段丰富的工业遗产和文化。

虹口区段岸线长 2.5 千米，这里的改造建设得到了上港集团、沿线央企及海关边检单位的支持，该区段的工程结合国际航运中心沿江贯通和置阳段、国际客运码头景观品质提升工程同步实施，在扬子江码头区域部队腾让工作取得突破后，该区段实现了全线贯通。

黄浦区段岸线长 8.3 千米，该区段全面腾让了南外滩区域内的海事、轮渡、环卫等码头设施，随着 7 个主题公园在世博滨江的分布，十六铺二期、南外滩亲水岸线的亮灯成为滨江新景观。沿线的江南造船厂工业遗产保护利用开发也已启动，最终实现了全线贯通。

徐汇区段岸线长 8.9 千米，该区段利用市、区的合作来推动项目的实施，云峰油库、上粮六库等完成了拆迁腾让，新建淀浦河桥等桥梁，结合沿线大型市政设施的改造同步推进，打通了沿岸的断点，实现了全线贯通。徐汇滨江地区已经成为上海市民休闲生活的热力空间。

黄浦江核心段公共空间的贯通为上海市的体育、文化、旅游等功能创造了广阔的空间。2017 年，滨江健身大联动、上海马拉松赛、上海杯帆船赛等重大体育活动在滨江地区相继举行，篮球场、小型足球场等一系列体育设施向市民开放。同时，浦东老白渡艺仓美术馆、民生城市空间艺术季等文化展览吸引了大量人气。杨浦烟草仓库、永安栈房和黄浦江南造船厂等一批工业遗产保护设计方案也已启动。徐汇滨江传媒港等功能项目的实施，使得西岸艺术与设计博览会、西岸音乐节、秋冬文化艺术季等一系列活动成功举办。此外，虹口白玉兰广场、国际航运和金融服务中心以及黄浦十六铺二期等功能项目也在建设中。

后 记

　　大江大河、大开大合，仅以简短篇幅，冀望勾勒出70年来新中国最大都市波澜壮阔的发展历程，殊非易事。兼之当代人著当代史，有些河是自己蹚过的，千万条路是众人走过的，我就不免心生"不识庐山真面目，只缘身在此山中"的慨叹与胆怯。在主编的不断鼓励与督促下，我才鼓足勇气，担此重责，通观全局，谋划四梁八柱。本书将上海当代历史分为六个篇章。第一章由褚晓琦执笔，第二、三章是何方昱编撰，最贴近当下的新时代一章系刘雅媛提炼总结。10多年来，我参与《上海：城市嬗变及展望》、新修《上海通史》《上海市志·社会生活卷（1978—2010）》、"上海地情普及系列丛书"等各类史志读物的编纂工作，借此机缘，对上海改革开放史略知一二，故而斗胆操觚第四、五两章。全书最后由我修改定稿。在上海教育出版社储德天责编的帮助下，避免了许多纰漏，得以如此面貌陈于世人面前。黄浦江畔、苏州河边的当代上海故事，如满天星斗，数不胜数，但限于体裁与体量，本书难以一一述及，实为憾事！舛误之处，敬请高明指正。

徐涛

2024年3月9日

图书在版编目（CIP）数据

上海简史.东方璀璨：1949—2019 / 徐涛等著；
熊月之主编.—上海：上海教育出版社，2024.8.
ISBN 978-7-5720-2871-7

Ⅰ.K295.1

中国国家版本馆CIP数据核字第202472SC88号

责任编辑　储德天

封面设计　陆　弦

上海简史·东方璀璨（1949—2019）

熊月之　主编

徐　涛　等著

出版发行　上海教育出版社有限公司

官　　网　www.seph.com.cn

地　　址　上海市闵行区号景路159弄C座

邮　　编　201101

印　　刷　上海颛辉印刷厂有限公司

开　　本　889×1194　1/32　印张 9.875

字　　数　201 千字

版　　次　2024年8月第1版

印　　次　2024年8月第1次印刷

书　　号　ISBN 978-7-5720-2871-7/K·0031

定　　价　78.00 元

如发现质量问题，读者可向本社调换　电话：021-64373213